中华人民共和国
行政强制法
注解与配套

第六版

中国法制出版社
CHINA LEGAL PUBLISHING HOUSE

出版说明

中国法制出版社一直致力于出版适合大众需求的法律图书。为了帮助读者准确理解与适用法律，我社于2008年9月推出"法律注解与配套丛书"，深受广大读者的认同与喜爱，此后推出的第二、三、四、五版也持续热销。为了更好地服务读者，及时反映国家最新立法动态及法律文件的多次清理结果，我社决定推出"法律注解与配套丛书"（第六版）。

本丛书具有以下特点：

1. 由相关领域的具有丰富实践经验和学术素养的法律专业人士撰写适用导引，对相关法律领域作提纲挈领的说明，重点提示立法动态及适用重点、难点。

2. 对主体法中的重点法条及专业术语进行注解，帮助读者把握立法精神，理解条文含义。

3. 根据司法实践提炼疑难问题，由相关专家运用法律规定及原理进行权威解答。

4. 在主体法律文件之后择要收录与其实施相关的配套规定，便于读者查找、应用。

此外，为了凸显丛书简约、实用的特色，分册根据需要附上实用图表、办事流程等，方便读者查阅使用。

真诚希望本丛书的出版能给您在法律的应用上带来帮助和便利，同时也恳请广大读者对书中存在的不足之处提出批评和建议。

中国法制出版社
2023年7月

适 用 导 引

行政强制制度涉及行政管理的效率，也涉及对公民的人身权和财产权的处分或者限制。因此，依法规范行使行政强制权，既是依法行政的需要，也是维护公民合法权益的需要。在《行政强制法》[①]出台前，由于没有统一的法律规范，一些行政机关在执法过程中，既存在对某些严重违法行为因缺乏强制手段处理不力的情况，也存在行政强制手段滥用的情况。因此，《行政强制法》立法的指导思想是，推进依法行政，维护公民权益，既赋予行政机关必要的强制手段，保障行政机关依法履行职责，维护公共利益和公共秩序，又对行政强制行为进行规范，避免和防止权力的滥用，保护公民、法人和其他组织的合法权益。

《行政强制法》主要包括以下内容：

一、本法的调整范围

本法的调整范围包括行政强制措施和行政强制执行两方面内容。考虑到有关行政机关对发生自然灾害、事故灾难、公共卫生事件或者社会安全事件等突发事件采取的应急措施或者临时措施；对金融业采取的审慎监管措施；对进出境货物采取的强制性技术监控措施，有其特殊性，需要适用特别规定，因此，本法明确规定，对上述几种措施，依照有关法律、行政法规规定执行。

二、行政强制的原则

行政强制涉及公民、法人的人身权、财产权，实施行政强制必须遵循一定的原则。本法规定实施行政强制应当遵循的原则主要有：（1）法定原则。"行政强制的设定和实施，应当依照法定的权限、范围、条件和程序。"（2）适当原则。"行政强制的设定

[①] 为便于阅读，本书中相关法律文件标题中的"中华人民共和国"字样都予以省略。

1

和实施，应当适当。采用非强制手段可以达到行政管理目的的，不得设定和实施行政强制。"（3）不得滥用原则等。

三、行政强制的方式

行政强制的方式包括行政强制措施方式和行政强制执行方式。本法明确行政强制措施的种类为：（1）限制公民人身自由；（2）查封场所、设施或者财物；（3）扣押财物；（4）冻结存款、汇款；（5）其他行政强制措施。行政强制执行的方式为：（1）加处罚款或者滞纳金；（2）划拨存款、汇款；（3）拍卖或者依法处理查封、扣押的场所、设施或者财物；（4）排除妨碍、恢复原状；（5）代履行；（6）其他强制执行方式。

四、行政强制的设定权

根据依法行政的要求，应当对行政强制的设定权作出明确的规定。如本法第13条规定，行政强制执行由法律设定。

五、行政强制措施实施程序

行政强制措施的实施具有两大特点，即时性和强制性。即时性特点要求程序简便易行；强制性特点要求对行政强制措施必须有必要的程序控制。如本法第19条规定，情况紧急，需要当场实施行政强制措施的，行政执法人员应当在二十四小时内向行政机关负责人报告，并补办批准手续。行政机关负责人认为不应当采取行政强制措施的，应当立即解除。

六、行政强制执行程序

分为行政机关的强制执行和申请人民法院强制执行。

关于依法有强制执行权的行政机关的强制执行，本法第34条规定，行政机关依法作出行政决定后，当事人在行政机关决定的期限内不履行义务的，具有行政强制执行权的行政机关依照本章规定强制执行。

关于行政机关申请人民法院强制执行程序，本法第53条规定，当事人在法定期限内不申请行政复议或者提起行政诉讼，又不履行行政决定的，没有行政强制执行权的行政机关可以自期限届满之日起三个月内，依照本章规定申请人民法院强制执行。

目　录

适用导引 ··· *1*

中华人民共和国行政强制法

第一章　总　　则

第一条　【立法宗旨】································· 2
第二条　【行政强制的方式】························· 2
　1. 如何理解行政强制措施?······················· 3
　2. 如何理解行政强制执行?······················· 4
　3. 行政强制措施与行政强制执行有什么区别?··· 4
第三条　【行政强制设定和实施的根据】············ 5
　4. 属于行政强制措施的金融审慎监管措施有哪些? 5
第四条　【法定原则】································· 6
　5. 行政强制的设定权限是如何划分的?··········· 6
第五条　【适当原则】································· 6
第六条　【教育与强制结合原则】···················· 6
第七条　【不得谋利原则】···························· 6
第八条　【行政强制相对人的权利与救济】········· 6
　6. 相对人对哪些行政强制措施不服，可以申请行政
　　复议或提起行政诉讼?··························· 7

1

第二章 行政强制的种类和设定

第 九 条 【行政强制措施种类】 ················ 7
  7. 限制公民人身自由的措施有哪些？ ················ 7
第 十 条 【行政强制措施的设定权限】 ················ 8
  8. 法律设定行政强制措施应受哪些限制？ ············ 8
第 十一 条 【行政强制措施的对象、条件、种类法定】······ 8
第 十二 条 【行政强制执行方式】 ················ 9
  9. 到期不缴纳罚款的应该如何处理？ ················ 10
  10. 代履行和直接强制有何区别？ ················ 10
第 十三 条 【行政强制执行的设定权限】 ············ 10
第 十四 条 【设定行政强制的民主程序】 ············ 11
第 十五 条 【行政强制评价制度】 ················ 11

第三章 行政强制措施实施程序

第一节 一般规定

第 十六 条 【依法实施行政强制措施】 ············ 12
第 十七 条 【行政强制措施实施权限】 ············ 13
  11. 对行政强制措施的实施主体如何规范？ ············ 14
第 十八 条 【行政强制措施实施应遵守的规定】 ······ 14
第 十九 条 【当场实施行政强制措施的情形】 ········ 15
  12. 当场实施的行政强制措施，应该符合哪些条件？ ···· 15
第 二十 条 【限制人身自由的特殊规定】 ············ 16
第二十一条 【涉嫌犯罪的移送】 ················ 17

第二节 查封、扣押

第二十二条 【法定机关实施查封、扣押】 ············ 17
  13. 有权实施查封、扣押的行政强制措施的主体有
    哪些？ ················ 17

14. 查封、扣押和冻结的行政强制措施与民事执行中的查封、扣押、冻结有什么异同？ ……………… 18
15. 如何理解行政强制措施中查封、扣押、冻结与行政处罚的区别？ …………………………………… 18
第二十三条 【查封、扣押的范围】 ……………… 19
16. 哪些物品属于生活必需品，不得被行政机关查封、扣押？ ……………………………………… 19
第二十四条 【查封、扣押决定书】 ……………… 20
第二十五条 【查封、扣押期限】 ………………… 20
17. 查封、扣押的期限应该如何计算？ ……………… 21
第二十六条 【查封、扣押中的保管】 …………… 21
第二十七条 【查封、扣押后的调查】 …………… 21
18. 公安机关办理行政案件的期限是多长时间？ …… 22
第二十八条 【解除查封、扣押的情形】 ………… 22

第三节 冻 结

第二十九条 【法定机关实施冻结】 ……………… 23
第 三 十 条 【冻结通知】 ………………………… 23
19. 金融机构应该如何配合行政机关实施冻结？ …… 24
第三十一条 【冻结决定书】 ……………………… 24
第三十二条 【冻结期限】 ………………………… 24
第三十三条 【解除冻结的情形】 ………………… 25

第四章 行政机关强制执行程序

第一节 一般规定

第三十四条 【行政机关行政强制执行的适用情形】 … 25
第三十五条 【催告】 ……………………………… 26
20. 催告行为是否可诉？ ……………………………… 27
第三十六条 【陈述和申辩】 ……………………… 28

第三十七条 【强制执行决定】 ·············· 28

第三十八条 【送达】 ························ 28

第三十九条 【中止执行】 ·················· 29

21. 哪些情况下应该中止执行行政强制措施？········ 30

第四十条 【终结执行】 ···················· 30

22. 中止执行和终结执行有何区别？·············· 32

23. 终结执行和执行完毕有何区别？·············· 32

第四十一条 【执行回转】 ·················· 32

24. 执行回转有哪几种方式？···················· 32

第四十二条 【执行协议】 ·················· 33

25. 执行协议的内容有哪几种？·················· 33

第四十三条 【执行禁止行为】 ·············· 34

26. 法定节假日包括哪些？······················ 34

27. 行政机关在何种情况下可以采取停止供水、供电、供热、供燃气的方式督促相对人履行义务？······ 34

第四十四条 【强制拆除】 ·················· 35

第二节 金钱给付义务的执行

第四十五条 【罚款和滞纳金】 ·············· 35

第四十六条 【不缴纳罚款或滞纳金时的强制执行】 ···· 36

第四十七条 【依法划拨存款、汇款】 ········ 37

28. 金融机构未及时履行协助义务的，应该如何处理？···· 37

第四十八条 【依法拍卖】 ·················· 37

第四十九条 【款项依法归库】 ·············· 37

29. 截留、私分或者变相私分划拨存款、汇款及拍卖、依法处理所得的应该如何处理？············ 38

第三节 代履行

第五十条 【代履行的情形】 ················ 38

第五十一条 【代履行应遵守的规定】 ········ 39

第五十二条　【代履行的立即实施】 …………… 40
30. 立即代履行与代履行的区别是什么？ …………… 40

第五章　申请人民法院强制执行

第五十三条　【申请法院强制执行的情形】 …………… 41
第五十四条　【管辖】 …………………………………… 43
31. 催告程序应具备哪些要求？ ………………………… 43
第五十五条　【执行申请材料】 ………………………… 44
32. 申请执行书应该包含哪些内容？ …………………… 44
33. 申请执行的标的应该包含哪些要素？ ……………… 44
第五十六条　【执行申请的受理】 ……………………… 44
第五十七条　【书面审查】 ……………………………… 46
34. 人民法院对非诉行政执行案件书面审查的内容有
　　哪些？ ………………………………………………… 46
第五十八条　【执行裁定】 ……………………………… 47
第五十九条　【立即执行】 ……………………………… 48
第 六 十 条　【费用承担和执行措施】 ……………… 48

第六章　法律责任

第六十一条　【违法行政强制的责任】 ………………… 49
35. 在未发强行拆除通知、未予公告的情况下，行政
　　机关是否要承担违法行政强制的责任？ …………… 50
第六十二条　【滥用行政强制的责任】 ………………… 50
36. 行政处分和行政处罚有何区别？ …………………… 51
37. 无正当理由长期扣留相对人车辆，是否违背了公
　　正文明的执法要求？ ………………………………… 51
第六十三条　【渎职责任】 ……………………………… 52
第六十四条　【谋取私利的责任】 ……………………… 52

第六十五条　【金融机构违法责任一】……………… 53
第六十六条　【金融机构违法责任二】……………… 53
第六十七条　【司法人员违法责任】………………… 54
第六十八条　【赔偿责任和刑事责任】……………… 54
　38. 如何确定赔偿的义务机关？……………………… 54
　39. 赔偿义务机关作出赔偿决定的期限是多长时间？……… 55

第七章　附　　则

第六十九条　【期限的界定】………………………… 55
第 七 十 条　【法定授权组织的适用情形】………… 55
第七十一条　【施行日期】…………………………… 56

配 套 法 规

中华人民共和国行政处罚法 ………………………… 57
　（2021 年 1 月 22 日）
中华人民共和国行政复议法 ………………………… 73
　（2017 年 9 月 1 日）
中华人民共和国行政诉讼法 ………………………… 84
　（2017 年 6 月 27 日）
中华人民共和国国家赔偿法 ………………………… 104
　（2012 年 10 月 26 日）
中华人民共和国突发事件应对法 …………………… 115
　（2007 年 8 月 30 日）
中华人民共和国治安管理处罚法 …………………… 131
　（2012 年 10 月 26 日）

中华人民共和国禁毒法（节录） ……………………… 155
　　（2007年12月29日）
国有土地上房屋征收与补偿条例 ……………………… 163
　　（2011年1月21日）
戒毒条例 ………………………………………………… 171
　　（2018年9月18日）
突发公共卫生事件应急条例（节录） …………………… 179
　　（2011年1月8日）
重大动物疫情应急条例（节录） ………………………… 185
　　（2017年10月7日）
最高人民法院关于适用《中华人民共和国行政诉讼法》
　　的解释（节录） ……………………………………… 189
　　（2018年2月6日）
最高人民法院关于人民法院执行工作若干问题的规定
　　（试行）（节录） ……………………………………… 192
　　（2020年12月29日）
最高人民法院、最高人民检察院、公安部、中国证券
　　监督管理委员会《关于查询、冻结、扣划证券和证
　　券交易结算资金有关问题》的通知 ………………… 196
　　（2008年1月10日）
最高人民法院关于办理行政机关申请强制执行案件有
　　关问题的通知 ………………………………………… 200
　　（1998年8月18日）
最高人民法院关于行政机关申请法院强制执行处罚决
　　定时效问题的答复 …………………………………… 201
　　（2019年9月10日）

最高人民法院关于违法的建筑物、构筑物、设施等强
　制拆除问题的批复 ·· 202
　　（2013年3月27日）
最高人民法院关于办理申请人民法院强制执行国有土
　地上房屋征收补偿决定案件若干问题的规定 ·············· 203
　　（2012年3月26日）

中华人民共和国行政强制法

（2011年6月30日第十一届全国人民代表大会常务委员会第二十一次会议通过 2011年6月30日中华人民共和国主席令第49号公布 自2012年1月1日起施行）

目　　录

第一章　总　　则
第二章　行政强制的种类和设定
第三章　行政强制措施实施程序
　第一节　一般规定
　第二节　查封、扣押
　第三节　冻　　结
第四章　行政机关强制执行程序
　第一节　一般规定
　第二节　金钱给付义务的执行
　第三节　代履行
第五章　申请人民法院强制执行
第六章　法律责任
第七章　附　　则

第一章 总　　则

第一条　【立法宗旨】*　为了规范行政强制的设定和实施，保障和监督行政机关依法履行职责，维护公共利益和社会秩序，保护公民、法人和其他组织的合法权益，根据宪法，制定本法。

注解

行政强制法是行政法领域中的一部重要法律，与行政处罚法、行政许可法并称为行政程序立法的"三部曲"。在实践中，行政强制既存在"乱"和"滥"的问题，也存在"软"的问题。行政强制法围绕行政权和当事人权利这一基本关系，将立法目的定位于规范、保障、监督行政强制权以及保护当事人权益，通过平衡公共利益和个人权益，使行政强制权能在法制轨道上平稳运行，解决"乱""滥""软"的问题，促进官民和谐、社会和谐。

第二条　【行政强制的方式】本法所称行政强制，包括行政强制措施和行政强制执行。

行政强制措施，是指行政机关在行政管理过程中，为制止违法行为、防止证据损毁、避免危害发生、控制危险扩大等情形，依法对公民的人身自由实施暂时性限制，或者对公民、法人或者其他组织的财物实施暂时性控制的行为。

行政强制执行，是指行政机关或者行政机关申请人民法院，对不履行行政决定的公民、法人或者其他组织，依法强制履行义务的行为。

注解

本条将行政强制确定为一个法律概念，明确了行政强制包括行政强制措施和行政强制执行，行政强制的以下特点有利于将行政强制与其他行政行为

---

* 条文主旨为编者所加，下同。

相区分。行政强制具有以下四个特点：（1）行政性，行政强制是发生在行政管理领域中，为了实现行政管理目的，主要由行政机关依照行政程序做出的行政行为。值得一提的是，申请法院强制执行中执行机关是人民法院，理论上行使的是司法权，但考虑到我国行政强制执行体制的现状，可将其理解为行政权的延伸，一并纳入本法规范。行政性特点可以将行政强制与刑事强制及诉讼强制区分开。（2）服从性，即行政强制是典型的行政机关单方行为，当事人必须服从决定，没有自由选择的余地。服从性特点可以将行政强制与行政合同、行政指导、行政许可、行政给付等非强制性行政行为区分开。（3）物理性，即行政强制是直接作用于当事人人身、财产等权利，具有限制人身和改变财产物理状态效果的行政行为。其是发生可见动作的有形行为，而不是无形行为；不仅是意思行为，还是实力行为。物理性特点可以将行政强制与行政处罚、责令停止建设等行政命令相区分。（4）依附性，即行政强制尽管作为一类独立的行政行为存在，但依附性仍是其特点，行政强制本身不是目的，不能为了强制而强制，行政强制总是为其他行政行为的做出或者实现而服务的。

应用

1. 如何理解行政强制措施？

（1）行政强制措施是一类具体行政行为，不能理解为物理意义上的手段和方法。（2）行政强制措施是一类暂时性控制措施，不是对当事人人身、财产权利的最终处分。暂时性控制是行政强制措施依附性特点的体现，行政强制措施并不是对当事人人身、财产权利的剥夺，而只是暂时限制。如没收是对当事人财产权利的剥夺，但查封、扣押并不改变财产的所有权。剥夺和限制有时难以区分，如限制人身自由，剥夺也是限制，限制也是剥夺，这时要划清行政强制措施概念，应当从时间入手，行政强制措施限制人身、财产权利的时间相对要短得多，这也体现了暂时性的特点。（3）行政强制措施是为了便于行政决定的作出或者行政目的的实现，不能作为制裁手段。制止违法行为、防止证据损毁、避免危害发生、控制危险扩大是实施行政强制措施的前提。在实践中，要防止两种倾向，一是将行政强制措施作为逼迫当事人履行罚款等行政决定的手段，这与行政强制措施的特点不符。二是行政强制措施没有制裁性体现为期限较短，行政机关不能久扣、久封不决，将行政强制

3

措施当成了行政处罚。

注意，制止违法行为、防止证据损毁、避免危害发生、控制危险扩大四类情形主要是为揭示行政强制措施的特点，也是为设定行政强制措施提供的指引，而不是普遍授权，不能作为实施的直接依据，不能直接依据本条规定而实施行政强制措施。

2. 如何理解行政强制执行？

（1）行政强制执行的前提是存在一个生效的行政决定，是执行行政决定的行为，目的是保障行政决定内容得到实现。（2）行政强制执行的效果是对当事人人身、财产权利的剥夺，但这种处分来自于作为执行基础的原行政决定，而不是来源于行政强制执行。（3）我国行政强制执行包括两种形式：行政机关自行强制执行和申请人民法院强制执行。其中申请人民法院强制执行主要由法院来执行，但并不妨碍在行政强制法中将其归入广义的行政强制执行概念中，适用行政强制执行的基本原则，以及规定具体申请和受理程序，至于如何执行则适用行政诉讼法、民事诉讼法中有关强制执行的规定。（4）行政强制执行的具体方式包括三类：执行罚、代履行和直接强制执行。

3. 行政强制措施与行政强制执行有什么区别？

行政强制措施与行政强制执行的不同在于：（1）行政强制措施是在行政决定作出前行政机关所采取的强制手段。如行政执法人员在执法过程中发现违法行为，可以将违法行为涉及的财物进行查封、扣押，行政机关实施查封、扣押要交付查封、扣押决定书。这时向当事人交付查封、扣押决定书主要是为了证明查封、扣押的事实存在，行政机关还需要根据情况作出处罚决定或者处理决定。一般情况下，查封、扣押发生在行政机关作出处罚决定或者处理决定之前。而行政强制执行是在行政决定作出后，为了执行该行政决定所采取的强制手段，如对违法行为人处以罚款，当事人逾期拒不缴纳罚款，行政机关或者人民法院就可以依法从该违法行为人的银行账户上划拨相应的款项。（2）行政强制措施都是暂时性的，查封、扣押的期限不得超过三十日；情况复杂的，经行政机关负责人批准，可以延长三十日，法律、行政法规对期限另有规定的除外。而行政强制执行是终局性的，如执行罚款，将从当事人那里执行的罚款上缴国库，即执行终结，除非行政决定被撤销或者执行错误，该罚款不会回转。

第三条 【行政强制设定和实施的根据】行政强制的设定和实施,适用本法。

发生或者即将发生自然灾害、事故灾难、公共卫生事件或者社会安全事件等突发事件,行政机关采取应急措施或者临时措施,依照有关法律、行政法规的规定执行。

行政机关采取金融业审慎监管措施、进出境货物强制性技术监控措施,依照有关法律、行政法规的规定执行。

注解

根据本条第1款规定,原则上,凡是行政强制,其设定和实施适用本法规定。本法还规定了优先适用其他法律、行政法规的情形,凡属于以下三个方面内容的,优先适用其他法律、行政法规的规定。一是发生突发事件行政机关采取应急措施或者临时措施的,依照有关法律、行政法规的规定执行。金融业审慎监管措施、进出境货物强制性技术监控措施,依照有关法律、行政法规的规定执行。这是本条第2款、第3款的规定,属于这三项行政强制措施的,行政法规可以设定。有关程序也优先适用其他法律、法规的规定。二是查封、扣押的期限不得超过三十日,情况复杂的,经行政机关负责人批准,可以延长三十日。但是,法律、行政法规另有规定的除外。其他法律、行政法规规定的查封、扣押的期限可以长于三十日,也可以短于三十日。三是代履行的费用按照成本合理确定,由当事人承担。但是,法律另有规定的除外。这里,其他法律可以规定当事人不承担代履行费用。

应用

4. 属于行政强制措施的金融审慎监管措施有哪些?

根据银行业监督管理法、证券法、保险法等规定,在金融机构违反审慎经营规则,行为严重危及该金融机构的稳健运行,损害客户合法权益时,金融业监督管理机构可依法采取限制分红、限制资产转让、限制股东转让股权、阻止直接责任人员出境和禁止其处分财产权利等审慎监管措施,这些措施性质上属于行政强制措施。

配套

《突发事件应对法》；《突发公共卫生事件应急条例》

第四条 【法定原则】行政强制的设定和实施，应当依照法定的权限、范围、条件和程序。

应用

5. 行政强制的设定权限是如何划分的？

有权设定行政强制措施的只有法律、行政法规和地方性法规，规章和其他规范性文件都没有设定行政强制的权限。从机关看，只有全国人大及其常委会、国务院和有立法权的地方人大及其常委会才有设定行政强制措施的权限。法律、行政法规和地方性法规的设定权限不同。具体而言，法律有权设定所有行政强制措施；行政法规有权设定除限制公民人身自由、冻结存款、汇款和其他应当由法律设定的行政强制措施以外的其他行政强制措施；地方性法规有权设定查封、扣押措施。法律对行政强制措施的对象、条件、种类作了规定的，行政法规、地方性法规不得作出扩大规定。法律中未设定行政强制措施的，行政法规、地方性法规不得设定行政强制措施。

第五条 【适当原则】行政强制的设定和实施，应当适当。采用非强制手段可以达到行政管理目的的，不得设定和实施行政强制。

第六条 【教育与强制结合原则】实施行政强制，应当坚持教育与强制相结合。

第七条 【不得谋利原则】行政机关及其工作人员不得利用行政强制权为单位或者个人谋取利益。

第八条 【行政强制相对人的权利与救济】公民、法人或者其他组织对行政机关实施行政强制，享有陈述权、申辩权；有权依法申请行政复议或者提起行政诉讼；因行政机关违法实施行政强制受到损害的，有权依法要求赔偿。

公民、法人或者其他组织因人民法院在强制执行中有违法行为或者扩大强制执行范围受到损害的，有权依法要求赔偿。

应用

6. 相对人对哪些行政强制措施不服，可以申请行政复议或提起行政诉讼？

《行政复议法》第6条第2项规定："有下列情形之一的，公民、法人或者其他组织可以依照本法申请行政复议：……（二）对行政机关作出的限制人身自由或者查封、扣押、冻结财产等行政强制措施决定不服的；……"

《行政诉讼法》第12条第2项规定："人民法院受理公民、法人和其他组织提起的下列诉讼：……（二）对限制人身自由或者对财产的查封、扣押、冻结等行政强制措施和行政强制执行不服的；……"

配套

《行政复议法》；《行政诉讼法》

第二章 行政强制的种类和设定

第九条 【行政强制措施种类】 行政强制措施的种类：

（一）限制公民人身自由；
（二）查封场所、设施或者财物；
（三）扣押财物；
（四）冻结存款、汇款；
（五）其他行政强制措施。

应用

7. 限制公民人身自由的措施有哪些？

目前我国设定限制公民人身自由的法律主要有《人民警察法》《治安管理处罚法》《道路交通安全法》《海关法》《出境入境管理法》等。上述法律规定的限制公民人身自由的措施有：盘问、留置盘问、传唤、强制传唤、扣留、人身检查、强制检测、约束、隔离、强制隔离、强行带离现场、强行驱散、驱逐、禁闭等。

第十条 【行政强制措施的设定权限】 行政强制措施由法律设定。

尚未制定法律,且属于国务院行政管理职权事项的,行政法规可以设定除本法第九条第一项、第四项和应当由法律规定的行政强制措施以外的其他行政强制措施。

尚未制定法律、行政法规,且属于地方性事务的,地方性法规可以设定本法第九条第二项、第三项的行政强制措施。

法律、法规以外的其他规范性文件不得设定行政强制措施。

【注解】

根据本条的规定,行政强制措施由法律规定,法律可以设定各种行政强制措施。行政法规是国务院制定的规范性文件,行政法规的效力仅次于宪法和法律。地方性法规是由有立法权的地方人大及其常委会制定的规范性文件,包括省、自治区、直辖市人大及其常委会制定的地方性法规和较大的市的人大及其常委会制定的地方性法规。

【应用】

8. 法律设定行政强制措施应受哪些限制?

法律不能随意设定行政强制措施,要受两种制约:一是根据本法第3条的规定,设定行政强制应当适当,也就是要合理,能不设定的就不要设定。这种合理性的判断属于立法机关的裁dec权。二是程序限制,就是起草时应当采取听证会、论证会等形式听取意见,并进行必要性分析。通过公众参与和程序制约,使设定的行政强制措施在合理的限度内。

【配套】

《宪法》第39、40条;《立法法》第11条;《商业银行法》第29、30条

第十一条 【行政强制措施的对象、条件、种类法定】 法律对行政强制措施的对象、条件、种类作了规定的,行政法规、地方性法规不得作出扩大规定。

法律中未设定行政强制措施的,行政法规、地方性法规不得设定行政强制措施。但是,法律规定特定事项由行政法规规

定具体管理措施的，行政法规可以设定除本法第九条第一项、第四项和应当由法律规定的行政强制措施以外的其他行政强制措施。

注解

无论是法律还是法规，在设定行政强制措施时，应当明确在什么情况下，对什么人或者组织，采取哪种强制措施，不应概括授权。但是，由于我国地域辽阔，经济社会发展不平衡，各地情况千差万别，有时制定法律时不能规定得很详细、具体，只能作出原则性规定，这就给行政法规，尤其是地方性法规具体化留下空间。为了保证国家法制的统一，行政法规、地方性法规对法律规定具体化，应当与法律的原则、精神和规定一致，不得与法律相抵触。

第十二条　【行政强制执行方式】行政强制执行的方式：

（一）加处罚款或者滞纳金；
（二）划拨存款、汇款；
（三）拍卖或者依法处理查封、扣押的场所、设施或者财物；
（四）排除妨碍、恢复原状；
（五）代履行；
（六）其他强制执行方式。

注解

加处罚款或者滞纳金在学理上属于执行罚，是间接强制的执行方式。执行罚是对于拒不履行行政决定确定的金钱给付义务的当事人，以加处新的金钱给付义务的方式，迫使当事人履行。

划拨存款、汇款是直接强制执行方式，根据《商业银行法》第29条、第30条的规定，采取划拨存款、汇款方式执行，需要由法律明确授权。目前行政机关划拨存款的，只适用于税收和征收社会保险费等少数领域，《税收征收管理法》第40条和《海关法》第60条使用的是"扣缴"一词。

排除妨碍、恢复原状概念为《民法典》规定的民事责任形式。排除妨碍就是排除对权利人行使人身权或者财产权的阻碍，恢复原状就是通过修理等

9

手段使受到损坏的财产恢复到损坏前状况。在行政管理中，公民、法人或者其他组织的行为侵害的不是其他民事主体的权利，而是侵害了公共财产，影响了行政管理秩序，也可能要承担排除妨碍、恢复原状的责任。

代履行是当事人拒绝履行行政决定的义务时，由行政机关或者第三人代替当事人履行行政决定的义务，并向当事人收取履行费用的执行方式。

【应用】

9. 到期不缴纳罚款的应该如何处理？

《行政处罚法》第72条第1项规定，到期不缴纳罚款的，每日按罚款数额的百分之三加处罚款，加处罚款的数额不得超过罚款的数额。

10. 代履行和直接强制有何区别？

区别代履行和直接强制，一是看是否属于排除妨碍、恢复原状的情形，即当事人应当履行的义务是由于当事人事先的作为引起的，需要由当事人消除违法的后果；二是是否强迫当事人自己消除自己违法的后果，代履行排除了强迫当事人做出一定行为，体现了对当事人人格和自由的尊重；三是是否属于由当事人承担费用；四是如果代履行时当事人抵抗，则不能代履行；五是代履行的前提是行政决定的义务是可替代履行的，就是当事人履行和其他人履行效果没有不同。对不能履行的义务，只能直接强制，不能代履行。

【配套】

《行政处罚法》第72条；《税收征收管理法》第32、37、40条；《水法》第65条；《森林法》第81条

第十三条　【行政强制执行的设定权限】 行政强制执行由法律设定。

法律没有规定行政机关强制执行的，作出行政决定的行政机关应当申请人民法院强制执行。

【注解】

我国的行政强制执行制度是由行政诉讼法规定的。《行政诉讼法》第97条规定："公民、法人或者其他组织对行政行为在法定期限内不提起诉讼又不履行的，行政机关可以申请人民法院强制执行，或者依法强制执行。"这

一规定确立了行政机关自己强制执行和申请法院强制执行并行的模式。本法维持了行政机关执行和申请法院执行的体制。

配套

《行政诉讼法》第97条;《行政处罚法》第72条;《道路交通安全法》第109条;《国有土地上房屋征收与补偿条例》第28条

第十四条 【设定行政强制的民主程序】 起草法律草案、法规草案,拟设定行政强制的,起草单位应当采取听证会、论证会等形式听取意见,并向制定机关说明设定该行政强制的必要性、可能产生的影响以及听取和采纳意见的情况。

注解

设定行政强制,涉及公共权力和公民权利的界限,法律、法规草案的起草单位,拟立法设定行政强制时,应当采取听证会、论证会等形式充分听取社会各方面的意见。所谓论证会,就是邀请有关专家对草案内容,对拟设定的行政强制从必要性、可行性、科学性进行研究论证,作出评估,供起草单位和制定机关参考。听证会是指起草单位主持,由行政机关和公民参加,对拟设定的行政强制的必要性、合理性等进行辩论,起草单位根据辩论结果,确定草案内容。

配套

《行政许可法》第19条

第十五条 【行政强制评价制度】 行政强制的设定机关应当定期对其设定的行政强制进行评价,并对不适当的行政强制及时予以修改或者废止。

行政强制的实施机关可以对已设定的行政强制的实施情况及存在的必要性适时进行评价,并将意见报告该行政强制的设定机关。

公民、法人或者其他组织可以向行政强制的设定机关和实施机关就行政强制的设定和实施提出意见和建议。有关机关应当认真研究论证,并以适当方式予以反馈。

注解

本条的规定有四层含义：一是法律、法规的制定机关在设定行政强制后，应当定期进行评价；二是行政强制的实施机关可以适时对行政强制实施情况及存在必要性进行评价；三是公民、法人或者其他组织可以向行政强制的设定机关和实施机关提出意见和建议；四是制定机关认为不适当的，应当及时予以修改或者废止。

配套

《行政许可法》第 20 条

第三章 行政强制措施实施程序

第一节 一般规定

第十六条 【依法实施行政强制措施】 行政机关履行行政管理职责，依照法律、法规的规定，实施行政强制措施。

违法行为情节显著轻微或者没有明显社会危害的，可以不采取行政强制措施。

注解

行政强制措施的一般实施条件主要有：一是只能在履行行政管理职责过程中实施。二是必须符合法律、法规规定的可以实施行政强制措施的情形。行政强制措施是一项"中间性"行为，是一项临时采取的措施，一般在制止违法行为、防止证据损毁、避免危害发生、控制危险扩大等情形下才能实施，这四类情形既是实施行政强制措施的条件，也是实施目的，在设定行政强制措施时应严格把握，行政执法人员在实施行政强制措施时也应严格遵守。三是必须有法律、法规的明确授权。行政强制措施的设定权问题只能由法律、法规规定，本法没有普遍授权，行政机关享有行政强制措施权要由单行法律、法规具体授权。四是必须由行政机关实施行政强制措施。在一定条件下，法律、行政法规授权的具有管理公共事务职能的组织也可以实施。在一些法律、法规中，也对行政强制措施的实施主体有着明确的限制。

配套

《行政强制法》第5、17条

第十七条 【行政强制措施实施权限】行政强制措施由法律、法规规定的行政机关在法定职权范围内实施。行政强制措施权不得委托。

依据《中华人民共和国行政处罚法》的规定行使相对集中行政处罚权的行政机关，可以实施法律、法规规定的与行政处罚权有关的行政强制措施。

行政强制措施应当由行政机关具备资格的行政执法人员实施，其他人员不得实施。

注解

相对集中行政强制措施权是指将单行法律、法规授权各行政机关的行政强制措施权从原行政机关的管理职能中分离出来，由一个行政机关统一行使；行政强制措施权相对集中后，被集中的行政机关不得再行使。根据《行政处罚法》第18条的规定，国家在城市管理、市场监管、生态环境、文化市场、交通运输、应急管理、农业等领域推行建立综合行政执法制度，相对集中行政处罚权。国务院或者省、自治区、直辖市人民政府可以决定一个行政机关行使有关行政机关的行政处罚权。限制人身自由的行政处罚权只能由公安机关和法律规定的其他机关行使。

相对集中行政强制措施权的规定包括三个内容：第一，相对集中行政强制措施权实施主体的设定是由本法直接授权，不需要由国务院或者省级政府一一授权。第二，具有相对集中行政强制措施权的行政机关限于《行政处罚法》第18条所规定的行使相对集中行政处罚权的行政机关，即由国务院或者省、自治区、直辖市人民政府决定的行政机关。换言之，行政强制措施权是随着相对集中行政处罚权的转移而转移的。第三，相对集中行政强制措施权仅限于与行政处罚权有关的行政强制措施。在行使相对集中行政处罚权时，需要一些特定的行政强制措施作为执法手段和执法保障，随行政处罚权转移的只限于这些特定的行政强制措施。

应用

11. 对行政强制措施的实施主体如何规范？

《行政强制法》对行政强制措施的实施主体作了严格规范：一是只有行政机关才能实施行政强制措施。二是行政机关中，只有法律、法规授予行政强制措施权的才能实施，未经授权的行政机关不得作为实施主体。三是法律、行政法规授权的具有管理公共事务职能的组织在法定授权范围内，可以实施行政强制。四是代表行政机关实施行政强制措施的必须是具备资格的行政执法人员，其他人员不得实施。

配套

《行政处罚法》第18条；《国务院办公厅关于继续做好相对集中行政处罚权试点工作的通知》；《国务院关于进一步推进相对集中行政处罚权工作的决定》

第十八条 【行政强制措施实施应遵守的规定】行政机关实施行政强制措施应当遵守下列规定：

（一）实施前须向行政机关负责人报告并经批准；

（二）由两名以上行政执法人员实施；

（三）出示执法身份证件；

（四）通知当事人到场；

（五）当场告知当事人采取行政强制措施的理由、依据以及当事人依法享有的权利、救济途径；

（六）听取当事人的陈述和申辩；

（七）制作现场笔录；

（八）现场笔录由当事人和行政执法人员签名或者盖章，当事人拒绝的，在笔录中予以注明；

（九）当事人不到场的，邀请见证人到场，由见证人和行政执法人员在现场笔录上签名或者盖章；

（十）法律、法规规定的其他程序。

注解

行政执法人员应当对实施行政强制措施的现场情况予以书面记录。现场笔录一般包括以下内容：（1）实施行政强制措施的事由、时间、地点、当事人、实施人员、其他参加人员的到场情况；（2）实施行政强制措施的过程和结果；（3）当事人的陈述和申辩，或者见证人对实施提出的意见或者看法等；（4）其他需要记录的有关情况。当事人应在现场笔录上签名或者盖章，这是现场笔录发生法律效力的要件之一；当事人拒绝签名或者盖章的，行政执法人员应当在笔录上注明，这种情况不影响笔录的效力。

第十九条 【当场实施行政强制措施的情形】 情况紧急，需要当场实施行政强制措施的，行政执法人员应当在二十四小时内向行政机关负责人报告，并补办批准手续。行政机关负责人认为不应当采取行政强制措施的，应当立即解除。

注解

"情况紧急"是指违法行为、犯罪行为、不可抗力等诱因极有可能引发危害、引发的危害刚刚发生或者已造成危害但尚未结束的状况。例如根据《消防法》第45条第2款第5项的规定，火灾现场总指挥根据扑火救灾的需要，为了抢救人员和重要物资，防止火势蔓延，有权决定拆除或者破损毗邻火灾现场的建筑物、构筑物或者设施等。

应用

12. 当场实施的行政强制措施，应该符合哪些条件？

根据本条规定，实施即时强制应当遵守几个基本条件：（1）要符合法律规定的情形，具备必要性。本条将即时强制的实施条件笼统地归纳为"情况紧急"，一般指在紧迫场合，如不采取强制措施会损害公共利益和他人利益的情形。由于实践中的行政行为情形复杂，本法无法对即时强制的实施条件明确规定，只能依据各单行法律、法规的规定或者由执法人员作出判断。（2）必须遵循法定程序。本条规定了即时强制的特别程序，即事后报告和补办手续的程序。事后报告程序需要特别注意两点：一是事后报告必须在实施行政强制措施后二十四小时内。当然，本规定也不排斥当场实施强制措施当场报告的做法。二是情况紧急当场实施行政强制措施，除了可以事后报告并补办批准手续外，本法第18条第2项至第9项、第20条等规定的其他程序仍必须履行。(3) 事后救济。即时强制本身的特点决定了其即时性，大多是由于情况紧急而不容拖延，并且有的属于事实行为，所以对有的即时强制的救济不能适用撤销诉讼，当事人只能请求损害赔偿或损失补偿的救济。但是，在有些情况下，即时强制的影响具有持续性，比如对人身的隔离。对于这种持续性的即时强制，本法规定行政机关负责人认为不应当采取行政强制措施的，应当立即解除，尽量减轻对当事人的损害，造成损害的，当事人可以要求赔偿或补偿。

第二十条　【限制人身自由的特殊规定】依照法律规定实施限制公民人身自由的行政强制措施，除应当履行本法第十八条规定的程序外，还应当遵守下列规定：

（一）当场告知或者实施行政强制措施后立即通知当事人家属实施行政强制措施的行政机关、地点和期限；

（二）在紧急情况下当场实施行政强制措施的，在返回行政机关后，立即向行政机关负责人报告并补办批准手续；

（三）法律规定的其他程序。

实施限制人身自由的行政强制措施不得超过法定期限。实施行政强制措施的目的已经达到或者条件已经消失，应当立即解除。

注 解

按照法律规定，限制人身自由行政强制措施的临时性特点决定了期限不能太长。《治安管理处罚法》第83条规定，询问查证违反治安管理行为人的时间不得超过八小时，最长不得超过二十四小时；《海关法》第6条规定，扣留走私犯罪嫌疑人的时间不超过二十四小时，特殊情况下可以延长至四十八小时。

配 套

《治安管理处罚法》第83条；《海关法》第6条

第二十一条 【涉嫌犯罪的移送】违法行为涉嫌犯罪应当移送司法机关的,行政机关应当将查封、扣押、冻结的财物一并移送,并书面告知当事人。

注解

按照《行政执法机关移送涉嫌犯罪案件的规定》第12条的规定,行政执法机关对公安机关决定立案的案件,应当自接到立案通知书之日起3日内将涉案物品以及与案件有关的其他材料移交公安机关,并办结交接手续;法律、行政法规另有规定的,依照其规定。

另外,行政机关在将涉案财物移送司法机关之后,应当通过书面的方式告知当事人,以便当事人及时了解案件的主管机关,掌握案件办理的有关情况,依法维护自己的合法权益,选择合理的救济途径。

配套

《行政执法机关移送涉嫌犯罪案件的规定》

第二节 查封、扣押

第二十二条 【法定机关实施查封、扣押】查封、扣押应当由法律、法规规定的行政机关实施,其他任何行政机关或者组织不得实施。

应用

13. 有权实施查封、扣押的行政强制措施的主体有哪些?

查封、扣押是行政机关直接对当事人的场所、设施或者财物予以暂时性控制的行政强制措施。《行政强制法》将查封、扣押的主体限定为法律、法规规定的行政机关;同时,根据本法第70条的规定,法律、行政法规授权的具有管理公共事务职能的组织在法定授权范围内,以自己的名义实施行政强制,适用本法有关行政机关的规定。这就是说,查封、扣押的实施主体只能是行政机关和经法定授权的具有管理公共事务职能的组织,其他任何个人和组织都不得作为实施主体;同时,这些主体实施查封、扣押的强制措施还必须有法律、行政法规、地方性法规的授权。

与行政处罚权可以委托不同，行政强制措施权不得委托。因此，查封、扣押只能由行政机关或者具有管理公共事务职能的组织自行实施，不得委托其他组织或者个人实施。

14. 查封、扣押和冻结的行政强制措施与民事执行中的查封、扣押、冻结有什么异同？

行政执行中的查封、扣押和冻结与民事执行中的查封、扣押和冻结既有共同点又有区别之处。二者的共同点表现在都由特定国家机关采取，均须经过一定的程序，起因均为义务人违反义务，查封、扣押、冻结的结果均在于限制特定财产的使用、流转等。区别主要表现在查封、扣押、冻结的主体、依据、目的等方面，如在主体上，前者是行政机关，后者是属于司法机关的人民法院；在依据上，前者是行政机关的决定，后者是法院的裁定；在目的上，前者是为制止和防止违法行为的发生，强制相对人履行行政法律义务，后者是法院代表国家强制被执行人履行法院判决所确定的义务。在某些情况下，两者又是相通的，例如享有查封、扣押、冻结权力的行政机关申请法院强制执行其决定时，行政执行中的查封、扣押、冻结又可转化为司法查封、扣押、冻结。

15. 如何理解行政强制措施中查封、扣押、冻结与行政处罚的区别？

两者的区别：第一，限制权利与处分权利。行政强制措施与行政处罚的法律效果是不同的。行政强制措施是对相对人权利（特别是财产使用权和处分权）的一种临时限制，而行政处罚是对相对人权利的最终处分。第二，是否以违法为前提，是否具有制裁性。行政处罚是一种行政制裁，因而必然以行为的违法性为前提；行政强制措施则与相对人的行为是否违法没有必然联系。第三，中间行为与最终行为。行政强制措施是为保证最终行政行为的作出而采取的一种临时性措施，它没有达到对事件最终处理完毕的状态，而行政处罚是一种最终行政行为。

两者的联系：行政执法实践中，行政机关为查明相对人的违法事实或者为预防、制止违法行为的危害后果，经常会对相对人采取行政强制措施，查封、扣押、冻结其相关财物，然后进一步深入调查，最后对相对人作出行政处罚决定。但查封、扣押、冻结等行政强制措施不是行政处罚程序中的"法定程序"，对违法的相对人采取行政强制措施并不意味着必然对相对人进行行政处罚；行政机关对相对人进行处罚，并不一定都要或者都能采取行政强制措施，即使在有权采取行政强制措施的情形下，行政机关也可以裁量决定。

总之，行政强制措施与行政处罚决定是两个独立的行政行为，行政强制措施不是行政处罚所谓的法定程序，但是由于行政强制措施的目的、功能与属性等因素，导致其与行政处罚决定产生较多的关联，并且此种关联的程度亦因行政强制措施在行政处罚决定中的作用的不同而有所不同。所以，行政强制措施与行政处罚决定之间的关系既不是"一体论"，也不是简单的"两体论"，而是要根据案件的不同情形进行具体分析。

■ 配 套

《行政强制法》第70条；《民事诉讼法》第248—262条

第二十三条　【查封、扣押的范围】查封、扣押限于涉案的场所、设施或者财物，不得查封、扣押与违法行为无关的场所、设施或者财物；不得查封、扣押公民个人及其所扶养家属的生活必需品。

当事人的场所、设施或者财物已被其他国家机关依法查封的，不得重复查封。

■ 注 解

涉案的场所、设施或者财物，是指违法者从事违法行为所使用的场所、设施或者财物，以及违法所得、非法持有的违禁品等与违法行为有关的场所、设施或者财物。其他法律、法规对查封、扣押的范围有限制性规定的，应当依照该法律、法规的规定执行。

■ 应 用

16. 哪些物品属于生活必需品，不得被行政机关查封、扣押？

按照《最高人民法院关于人民法院民事执行中查封、扣押、冻结财产的规定》第3条的规定，下列的财产不得查封、扣押、冻结：被执行人及其所扶养家属生活所必需的衣服、家具、炊具、餐具及其他家庭生活必需的物品；被执行人及其所扶养家属所必需的生活费用。当地有最低生活保障标准的，必需的生活费用依照该标准确定；被执行人及其所扶养家属完成义务教

19

育所必需的物品；被执行人及其所扶养家属用于身体缺陷所必需的辅助工具、医疗物品；等等。

配 套

《治安管理处罚法》第89条

第二十四条 【查封、扣押决定书】行政机关决定实施查封、扣押的，应当履行本法第十八条规定的程序，制作并当场交付查封、扣押决定书和清单。

查封、扣押决定书应当载明下列事项：

（一）当事人的姓名或者名称、地址；

（二）查封、扣押的理由、依据和期限；

（三）查封、扣押场所、设施或者财物的名称、数量等；

（四）申请行政复议或者提起行政诉讼的途径和期限；

（五）行政机关的名称、印章和日期。

查封、扣押清单一式二份，由当事人和行政机关分别保存。

第二十五条 【查封、扣押期限】查封、扣押的期限不得超过三十日；情况复杂的，经行政机关负责人批准，可以延长，但是延长期限不得超过三十日。法律、行政法规另有规定的除外。

延长查封、扣押的决定应当及时书面告知当事人，并说明理由。

对物品需要进行检测、检验、检疫或者技术鉴定的，查封、扣押的期间不包括检测、检验、检疫或者技术鉴定的期间。检测、检验、检疫或者技术鉴定的期间应当明确，并书面告知当事人。检测、检验、检疫或者技术鉴定的费用由行政机关承担。

注 解

根据本条规定，行政机关查封、扣押的期限原则上不得超过三十日。但是这一期限有三个例外：一是，延长期限。情况复杂的，经行政机关负责人批准，可以延长三十日。也就是说，查封、扣押的期限最长是六十日。但延长期限应当有充足的理由和合法的依据，不得随意延长。二是，法律、行政法规另有规定的。这里的"法律"仅指全国人大和全国人大常委会制定的法律；行政法规指国务院制定的行政法规，不包括地方性法规。三是，合理扣除期限，由于检测、检验、检疫或者技术鉴定的时间一般较长，如果计入查封、扣押的期间，可能会超过查封、扣押的期限；即使未超过，也会使行政机关难以在规定期限内完成案件调查处理等工作。需注意的是，行政机关应当将检测、检验、检疫或者技术鉴定的期间明确告知当事人。

应 用

17. 查封、扣押的期限应该如何计算？

根据本法第69条的规定，本法中十日以内期限的规定是指工作日，不含法定节假日。本条规定的是十日以上的期限，因此本条的期限是指自然日，既包括工作日，也包括休息日。根据民事诉讼法有关期间的规定，期间以日计算的，期间开始的日，不计算在期间内，而是从期间开始的次日起算。

第二十六条 【查封、扣押中的保管】 对查封、扣押的场所、设施或者财物，行政机关应当妥善保管，不得使用或者损毁；造成损失的，应当承担赔偿责任。

对查封的场所、设施或者财物，行政机关可以委托第三人保管，第三人不得损毁或者擅自转移、处置。因第三人的原因造成的损失，行政机关先行赔付后，有权向第三人追偿。

因查封、扣押发生的保管费用由行政机关承担。

注 解

一般情况下，查封、扣押的场所、设施或者财物由行政机关保管，行政机关也可以委托第三人保管；保管的费用由行政机关承担。实践中还有一种情况，行政机关将查封、扣押场所、设施或者财物交由当事人保管的，当事人不得毁损或者擅自转移、处置。因当事人的原因造成的损失，由当事人承担。

第二十七条 【查封、扣押后的调查】 行政机关采取查封、扣押措施后，应当及时查清事实，在本法第二十五条规定的期限内作出处理决定。对违法事实清楚，依法应当没收的非法财物予以没收；法律、行政法规规定应当销毁的，依法销毁；应当解除查封、扣押的，作出解除查封、扣押的决定。

注解

行政机关办理行政案件并实施查封、扣押措施时，会涉及两个期限。一是整个案件的办理期限。二是查封、扣押措施的期限。办案期限从案件受理之日起开始计算，一个案件一个办案期限。而查封、扣押期限从查封、扣押之日起开始计算，一个案件可能在不同时间对不同财物实施多次查封、扣押，因此可能涉及多个查封、扣押期限。

应用

18. 公安机关办理行政案件的期限是多长时间？

根据《公安机关办理行政案件程序规定》第165条第1款的规定，公安机关办理治安案件的期限，自受理之日起不得超过三十日；案情重大、复杂的，经上一级公安机关批准，可以延长三十日。办理其他行政案件，有法定办案期限的，按照相关法律规定办理。

配套

《公安机关办理行政案件程序规定》

第二十八条 【解除查封、扣押的情形】 有下列情形之一的，行政机关应当及时作出解除查封、扣押决定：

（一）当事人没有违法行为；

（二）查封、扣押的场所、设施或者财物与违法行为无关；

（三）行政机关对违法行为已经作出处理决定，不再需要查封、扣押；

（四）查封、扣押期限已经届满；

（五）其他不再需要采取查封、扣押措施的情形。

解除查封、扣押应当立即退还财物；已将鲜活物品或者其他不易保管的财物拍卖或者变卖的，退还拍卖或者变卖所得款项。变卖价格明显低于市场价格，给当事人造成损失的，应当给予补偿。

注解

　　需要注意的是，这里的表述是"补偿"而非"赔偿"。取得赔偿的前提是"违法"行使职权；而本条规定的情形是变卖价格明显低于市场价格，给当事人造成损失，不存在"违法"前提或情节较轻，因此这里是"补偿"。

第三节　冻　　结

　　第二十九条　【法定机关实施冻结】冻结存款、汇款应当由法律规定的行政机关实施，不得委托给其他行政机关或者组织；其他任何行政机关或者组织不得冻结存款、汇款。

　　冻结存款、汇款的数额应当与违法行为涉及的金额相当；已被其他国家机关依法冻结的，不得重复冻结。

注解

　　中国人民银行于2002年制定的《金融机构协助查询、冻结、扣划工作管理规定》规定，两个以上有权机关对同一单位或个人的同一笔存款采取冻结或扣划措施时，金融机构应当协助最先送达协助冻结、扣划存款通知书的有权机关办理冻结、扣划手续；两个以上有权机关对金融机构协助冻结、扣划的具体措施有争议的，金融机构应当按照有关争议机关协商后的意见办理。由于冻结的对象是存款、汇款，所以如果某个账号或者某项汇款已经被冻结了一部分，则剩余部分依然可以冻结，与不得重复冻结原则不相矛盾。

配套

　　《证券法》第170条；《银行业监督管理法》第41条；《商业银行法》第29条、第30条

　　第三十条　【冻结通知】行政机关依照法律规定决定实施冻结存款、汇款的，应当履行本法第十八条第一项、第二项、第三项、第七项规定的程序，并向金融机构交付冻结通知书。

　　金融机构接到行政机关依法作出的冻结通知书后，应当立即予以冻结，不得拖延，不得在冻结前向当事人泄露信息。

法律规定以外的行政机关或者组织要求冻结当事人存款、汇款的，金融机构应当拒绝。

|注解|

在实践中，行政机关要求金融机构协助冻结的书面凭证多表现为协助冻结通知书或冻结通知书等，载有协助冻结单位的名称、冻结的法律依据、冻结的财产所在机构的名称和地址、冻结数额、冻结起止时间、其他需要说明的事项、决定冻结机关的公章和日期等信息。

|应用|

19. 金融机构应该如何配合行政机关实施冻结？

金融机构接到冻结通知书后，应当立即协助冻结，在冻结期限内禁止单位或个人提取被冻结的存款或者汇款。金融机构不得再扣划应当协助执行的款项用于收贷收息，不得向被冻结单位或个人通风报信，帮助隐匿或转移存款；在协助有权机关办理完毕查询存款手续后，有权机关要求予以保密的，金融机构应当保守秘密；在协助有权机关办理完毕冻结、扣划存款手续后，根据业务需要可以通知存款单位或个人。

|配套|

《金融机构协助查询、冻结、扣划工作管理规定》

第三十一条　【冻结决定书】依照法律规定冻结存款、汇款的，作出决定的行政机关应当在三日内向当事人交付冻结决定书。冻结决定书应当载明下列事项：

（一）当事人的姓名或者名称、地址；

（二）冻结的理由、依据和期限；

（三）冻结的账号和数额；

（四）申请行政复议或者提起行政诉讼的途径和期限；

（五）行政机关的名称、印章和日期。

第三十二条　【冻结期限】自冻结存款、汇款之日起三十日内，行政机关应当作出处理决定或者作出解除冻结决定；情况复杂的，经行政机关负责人批准，可以延长，但是延长期限不得超过三十日。法律另有规定的除外。

延长冻结的决定应当及时书面告知当事人,并说明理由。

第三十三条 【解除冻结的情形】有下列情形之一的,行政机关应当及时作出解除冻结决定:

(一)当事人没有违法行为;

(二)冻结的存款、汇款与违法行为无关;

(三)行政机关对违法行为已经作出处理决定,不再需要冻结;

(四)冻结期限已经届满;

(五)其他不再需要采取冻结措施的情形。

行政机关作出解除冻结决定的,应当及时通知金融机构和当事人。金融机构接到通知后,应当立即解除冻结。

行政机关逾期未作出处理决定或者解除冻结决定的,金融机构应当自冻结期满之日起解除冻结。

第四章 行政机关强制执行程序

第一节 一般规定

第三十四条 【行政机关行政强制执行的适用情形】行政机关依法作出行政决定后,当事人在行政机关决定的期限内不履行义务的,具有行政强制执行权的行政机关依照本章规定强制执行。

注解

行政机关强制执行既包括间接强制执行,也包括直接强制执行。除非其他法律明确规定,本条的法定期限就是行政决定书规定的期限。

配 套

《道路交通安全法》第108条;《税收征收管理法》第88条;《海关法》第93条

第三十五条 【催告】行政机关作出强制执行决定前,应当事先催告当事人履行义务。催告应当以书面形式作出,并载明下列事项:

（一）履行义务的期限;

（二）履行义务的方式;

（三）涉及金钱给付的,应当有明确的金额和给付方式;

（四）当事人依法享有的陈述权和申辩权。

注解

催告是指当事人在行政决定作出后不自觉履行义务,行政机关督促当事人在一定期限内履行义务,否则承担被强制执行后果的一种程序。催告一般是强制执行决定的前置程序。按照本条的规定,行政机关的催告必须以书面形式作出。不以书面形式作出的催告,是违反法定程序的行为。催告通知书应在行政机关依法作出行政决定后,行政机关在作出强制执行决定前发出。催告的内容应当充分。当事人根据催告书所载内容,可以清晰地知道自己自觉履行义务的期限和准确的预测因不履行义务所带来的不利后果。经催告,当事人履行行政决定的,不再实施强制执行。经催告,当事人逾期仍不履行行政决定,且无正当理由的,行政机关可以作出强制执行决定。在催告期间,对有证据证明有转移或者隐匿财物迹象的,行政机关可以立即作出强制执行决定。此种情况下,行政机关无须催告期满即可作出强制执行决定。

注意,并不是所有的强制执行方式都要催告,也有无须催告的例外情况。一是立即实施代履行。本法规定,需要立即清除道路、河道、航道或者公共场所的遗撒物、障碍物或者污染物,当事人不能清除的,行政机关可以决定立即实施代履行;当事人不在场的,行政机关应当在事后立即通知当事人,并依法作出处理。立即实施代履行的方式无须催告是因为即时代履行所针对的事项时间紧迫,如不及时处理,可能会影响正常的行政管理秩序,也会给他人带来不便。而催告程序需要一定的期限，不能适用立即实施代履行。二是执行罚。本法规定，行政机关依法作出金钱给付义务的行政决定，当事人逾期不履行的，行政机关可以依法加处罚款或者滞纳金。根据这一规定，行政机关的执行罚并不以催告为前提。对执行罚，其他法律中有明确的规定，如《税收征收管理法》第32条规定，纳税人未按照规定期限缴纳税款的，扣缴义务人未按照规定期限解缴税款的，税务机关除责令限期缴纳外，从滞纳税款之日起，按日加收滞纳税款万分之五的滞纳金。根据这一规定，加收滞纳金是不经催告的。

应用

20. 催告行为是否可诉？[1]

催告行为是一个准行政行为，当事人对催告通知有异议，可以向催告的行政机关提出申辩。通常情况下，催告行为是不可诉的，当事人不服提起行政诉讼，人民法院应当不予受理。其理由是：通常催告行为并不增加当事人新的权利义务，只是通知当事人按照已经生效的行政决定所确定的义务限期履行。先行催告通知只是重复已经生效的行政决定给当事人确定的义务，没有对当事人的权利义务产生实际影响，因此不可诉。

但是，催告行为不可诉的，也不是绝对的。例外的情况是：催告行为改变了生效行政决定确定的义务主体、内容等，当事人的权利义务因催告行为发生变化，经陈述申辩，行政机关仍不予采纳，此时当事人起诉催告行为，应当属于人民法院受案范围。理由是：这时的催告行为不再是对行政决定确定的行政义务的简单重复督促履行，它改变了行政决定的实体内容，构成了一个新的具体行政行为，对当事人的权利义务产生了实际影响，该行为不再是形式意义上的催告通知，不是一个准行政行为，应当属于可诉的行政行为。

配套

《税收征收管理法》第32条

---

[1] 江必新主编、最高人民法院行政强制法研究小组编著：《〈中华人民共和国行政强制法〉条文理解与适用》，人民法院出版社2012年版，第199~200页。

第三十六条　【陈述和申辩】当事人收到催告书后有权进行陈述和申辩。行政机关应当充分听取当事人的意见，对当事人提出的事实、理由和证据，应当进行记录、复核。当事人提出的事实、理由或者证据成立的，行政机关应当采纳。

第三十七条　【强制执行决定】经催告，当事人逾期仍不履行行政决定，且无正当理由的，行政机关可以作出强制执行决定。

强制执行决定应当以书面形式作出，并载明下列事项：

（一）当事人的姓名或者名称、地址；

（二）强制执行的理由和依据；

（三）强制执行的方式和时间；

（四）申请行政复议或者提起行政诉讼的途径和期限；

（五）行政机关的名称、印章和日期。

在催告期间，对有证据证明有转移或者隐匿财物迹象的，行政机关可以作出立即强制执行决定。

第三十八条　【送达】催告书、行政强制执行决定书应当直接送达当事人。当事人拒绝接收或者无法直接送达当事人的，应当依照《中华人民共和国民事诉讼法》的有关规定送达。

> **注　解**
>
> 催告书、行政强制执行决定书应当直接送达当事人。除直接送达外，依照民事诉讼法的规定，送达方式还包括留置送达、邮寄送达、委托送达、转交送达和公告送达。
>
> 《民事诉讼法》第88条规定，送达诉讼文书，应当直接送交受送达人。受送达人是公民的，本人不在交他的同住成年家属签收；受送达人是法人或者其他组织的，应当由法人的法定代表人、其他组织的主要负责人或者该法人、组织负责收件的人签收；受送达人有诉讼代理人的，可以送交其代理人签收；受送达人已向人民法院指定代收人的，送交代收人签收。受送达人的同住成年家属，法人或者其他组织的负责收件的人，诉讼代理人或者代收人在送达回证上签收的日期为送达日期。

第89条规定，受送达人或者他的同住成年家属拒绝接收诉讼文书的，送达人可以邀请有关基层组织或者所在单位的代表到场，说明情况，在送达回证上记明拒收事由和日期，由送达人、见证人签名或者盖章，把诉讼文书留在受送达人的住所；也可以把诉讼文书留在受送达人的住所，并采用拍照、录像等方式记录送达过程，即视为送达。

第91条规定，直接送达诉讼文书有困难的，可以委托其他人民法院代为送达，或者邮寄送达。邮寄送达的，以回执上注明的收件日期为送达日期。

第92条规定，受送达人是军人的，通过其所在部队团以上单位的政治机关转交。

第93条规定，受送达人被监禁的，通过其所在监所转交。受送达人被采取强制性教育措施的，通过其所在强制性教育机构转交。

第95条规定，受送达人下落不明，或者用本节规定的其他方式无法送达的，公告送达。自发出公告之日起，经过三十日，即视为送达。公告送达，应当在案卷中记明原因和经过。

配套

《民事诉讼法》第七章

第三十九条　【中止执行】 有下列情形之一的，中止执行：

（一）当事人履行行政决定确有困难或者暂无履行能力的；

（二）第三人对执行标的主张权利，确有理由的；

（三）执行可能造成难以弥补的损失，且中止执行不损害公共利益的；

（四）行政机关认为需要中止执行的其他情形。

中止执行的情形消失后，行政机关应当恢复执行。对没有明显社会危害，当事人确无能力履行，中止执行满三年未恢复执行的，行政机关不再执行。

注解

中止执行是指强制执行程序开始后，由于出现致使强制执行无法进行下去的特殊情况，行政机关暂时停止强制执行程序，待该情况消除后，继续执行。

应用

21. 哪些情况下应该中止执行行政强制措施？

中止执行有四种法定情形：（1）当事人履行行政决定确有困难或者暂无履行能力的。确有困难或者暂无履行能力的包括以下情形：一是不可抗力，发生当事人无法预见、无法预防、无法避免和无法控制的事件，以致当事人不能如期履行义务，如发生海啸、地震等情况；二是经济或生活困难，除维持家庭基本生活以外，当事人无力履行金钱给付等义务；三是因突发疾病等身体健康原因暂不能履行义务的；四是其他情形。（2）第三人对执行标的主张权利，确有理由的。第三人是指当事人以外的，法律上利益或者权利将受到强制执行的影响的公民、法人或者其他组织。第三人主张权利的内容主要是指物权或者债权。如第三人对执行标的主张抵押权、质权、所有权，以及因租赁关系而享有的使用权等。此种情况下执行标的是有争议的标的，需要确定权属后才能执行；如果第三人确有理由的，应当中止执行。这是基于保护第三人利益的角度作出的规定。（3）执行可能造成难以弥补的损失，且中止执行不损害公共利益的。强制执行应坚持比例原则，采取最小损害的方式实现行政管理目的。在可能造成难以弥补损失的情况下，如果不中止执行，会使强制执行得不偿失。（4）行政机关认为需要中止执行的其他情形。如强制执行可能导致被执行人过激行为（自杀或暴力对抗）或者发现据以执行的行政决定存在问题等。

配套

《行政诉讼法》第56条；《行政复议法》第21条

第四十条　【终结执行】 有下列情形之一的，终结执行：

（一）公民死亡，无遗产可供执行，又无义务承受人的；

（二）法人或者其他组织终止，无财产可供执行，又无义务承受人的；

（三）执行标的灭失的；

（四）据以执行的行政决定被撤销的；

（五）行政机关认为需要终结执行的其他情形。

注解

终结执行是指在执行过程中，由于发生某种特殊情况，执行程序没有必要或不可能继续进行，从而结束执行程序。

终结执行有以下五种情形：

1. 公民死亡，无遗产可供执行，又无义务承受人的。有义务就要有承担义务的主体，当义务承担主体消亡，而这种义务又没有继承主体时，义务便归于消灭。被执行的公民死亡，行政机关可以先中止执行，等待继承人承受义务。如果被执行公民的遗产继承人没有放弃继承，行政机关可以变更被执行人，在这种情况下并不增加或消灭执行义务内容，由该继承人在遗产的范围内履行义务；如果继承人放弃继承，行政机关可以直接强制执行被执行公民的遗产；如果被执行公民既无遗产，又无义务承受人的，强制执行工作将无法进行，因此应当终结执行。

2. 法人或者其他组织终止，无财产可供执行，又无义务承受人的。法人或者其他组织终止的原因有：（1）依法被撤销；（2）自行解散；（3）依法被宣告破产；（4）其他原因，如合并、分立、国家经济政策的调整和发生战争等。一般来说，只有在依法被宣告破产的情况下，才会发生没有义务承受人的情况。

3. 执行标的灭失的。在执行程序中，执行标的灭失，是执行过程中发生的特殊情况。即作为执行标的的财物，因自然或人为因素的作用改变其固有的物理、化学性质，失去原有形态、数量、质量、价值，永久不能恢复原状的法律状态。

4. 据以执行的行政决定被撤销。行政决定是基础行政行为，是强制执行的依据。行政决定被撤销，强制执行便成为"无根之木""无源之水"，因此应终结执行。行政决定被部分撤销的，执行机关应就原决定撤销部分终结执行。行政决定的撤销包括三种情况：一是行政机关主动撤销。作出行政决定的行政机关或者其上级行政机关撤销已生效的行政决定。二是诉讼撤销。行政诉讼法规定，行政行为有下列情形之一，判决撤销或者部分撤销，并可以判决被告重新作出行政行为：（1）主要证据不足的；（2）适用法律、法规错误的；（3）违反法定程序的；（4）超越职权的；（5）滥用职权的；（6）明显不当的。三是复议撤销。行政复议法规定，具体行政行为有下列情形之一的，决定撤销：（1）主要事实不清、证据不足的；（2）适用依据错误的；（3）违反法定程序的；（4）超越或者滥用职权的；（5）具体行政行为明显不当的。

5. 行政机关认为需要终结执行的其他情形。该条款是弹性条款，行政机关可以根据终结执行的基本精神和实际情况，决定其他需要终结执行的情形。

应用

22. 中止执行和终结执行有何区别？

中止执行和终结执行都会使强制执行程序停止。但中止执行和终结执行有着明显的不同。执行中止是执行程序的暂时停止，待造成中止的原因消除后，执行程序恢复，执行工作继续进行；而终结执行后，执行程序就宣告结束，以后也不再恢复。

23. 终结执行和执行完毕有何区别？

执行完毕时，作为强制执行基础的行政决定书的内容已经全部落实；而终结执行则不同，债权人的权利没有全部实现，行政决定书的内容没有全部落实。

第四十一条　【执行回转】 在执行中或者执行完毕后，据以执行的行政决定被撤销、变更，或者执行错误的，应当恢复原状或者退还财物；不能恢复原状或者退还财物的，依法给予赔偿。

注解

执行回转制度是一项错误弥补制度。是指在执行中或者执行完毕后，据以执行的行政决定被撤销、变更，或者执行错误的，行政机关对已被执行的财产重新恢复到执行程序开始前状态的执行制度。

执行回转的前提条件包括三个方面：被执行的行政决定被撤销、变更，或者执行错误。这里既包括实体上的撤销、变更行为，也包括程序上的执行错误。

应用

24. 执行回转有哪几种方式？

执行回转的方式是恢复原状或者退还财物。恢复原状是指原物恢复到受损害前的形状、性能或状态的赔偿方式。退还财物分为几种情况：执行标的为特定物的，应返还特定物；执行标的为种类物的，应返还相同规格、数量和品质的种类物；执行标的为"金钱给付"的，应当返还相同数额的金钱及其孳息。

配套

《国家赔偿法》第二章

第四十二条 【执行协议】实施行政强制执行，行政机关可以在不损害公共利益和他人合法权益的情况下，与当事人达成执行协议。执行协议可以约定分阶段履行；当事人采取补救措施的，可以减免加处的罚款或者滞纳金。

执行协议应当履行。当事人不履行执行协议的，行政机关应当恢复强制执行。

注解

执行和解的形式是达成执行协议。从性质上看，执行协议属于行政合同，它既不同于由行政机关单方决定的行政决定，需要由行政机关与被执行人自愿协商达成，共同约定协议的内容；又不同于民事合同的平等性，在民事活动中当事人双方是完全自由的，在执行和解中，行政机关居主导地位，被执行人即使不同意订立执行协议，也有履行行政决定的义务。

应用

25. 执行协议的内容有哪几种？

协议内容也就是执行机关和被执行人可以协商的内容，分为两种：一是就被执行人自动履行义务的时间进行协商，可以约定分阶段履行义务。如对违法建筑的拆除，如果该违法建筑的居民还正在使用中，居民需要找到新的居住用房，需要有时间找房、搬家，需要一个过程，在这种情况下，执行协议可以约定执行的期限。二是对于当事人采取补救措施的，可以减免加处罚款或者滞纳金，不能减免罚款本金。多数违反行政法律、法规的行为都规定了罚款，部分法律、法规还规定了责令改正和其他处罚，加处罚款是当事人不主动缴纳罚款时对当事人额外增加的负担，如果当事人改正了违法行为，主动消除违法后果，或者在催告期间内主动缴纳罚款，可以免除加处罚款。加处滞纳金是当事人不缴纳税款和行政性收费时对当事人额外增加的负担，如果在催告期内当事人缴纳了税款或者行政收费，执行机关可以减免滞纳金。

33

第四十三条 【执行禁止行为】行政机关不得在夜间或者法定节假日实施行政强制执行。但是，情况紧急的除外。

行政机关不得对居民生活采取停止供水、供电、供热、供燃气等方式迫使当事人履行相关行政决定。

> **注解**

本条从行政强制执行的实施时间和强制手段两个方面提出了文明执法的具体要求。夜间一般是指晚二十二点至晨六点之间的期间。

在情况紧急的情况下，行政机关可以在夜间或者法定节假日执行。如对有证据证明有转移或者隐匿财物迹象的，行政机关可以作出立即强制执行决定；需要立即清除道路、河道、航道或者公共场所遗洒物、障碍物或者污染物，当事人不能清除的，行政机关可以决定立即实施代履行。

> **应用**

26. 法定节假日包括哪些？

全体公民放假的节日：（1）新年，放假1天（1月1日）；（2）春节，放假3天（农历正月初一、初二、初三）；（3）清明节，放假1天（农历清明当日）；（4）劳动节，放假1天（5月1日）；（5）端午节，放假1天（农历端午当日）；（6）中秋节，放假1天（农历中秋当日）；（7）国庆节，放假3天（10月1日、2日、3日）。部分公民放假的节日及纪念日：（1）妇女节（3月8日），妇女放假半天；（2）青年节（5月4日），14周岁以上的青年放假半天；（3）儿童节（6月1日），不满14周岁的少年儿童放假1天；（4）中国人民解放军建军纪念日（8月1日），现役军人放假半天。少数民族习惯的节日，由各少数民族聚居地区的地方人民政府，按照各该民族习惯，规定放假日期。

27. 行政机关在何种情况下可以采取停止供水、供电、供热、供燃气的方式督促相对人履行义务？

行政机关不得对居民生活采取停止供水、供电、供热、供燃气等方式迫使当事人履行相关行政决定。这一规定的对象仅指居民生活。至于法人和其他组织，行政机关可以采取停止供水、供电、供热、供燃气的方式督促其履行义务。

第四十四条 【强制拆除】对违法的建筑物、构筑物、设施等需要强制拆除的，应当由行政机关予以公告，限期当事人自行拆除。当事人在法定期限内不申请行政复议或者提起行政诉讼，又不拆除的，行政机关可以依法强制拆除。

> **注解**
>
> 违法建筑物、构筑物和设施是指建筑物、构筑物和设施本身是违法的，违反的主要是有关建设规划、土地使用、城市容貌标准、环境卫生标准以及其他行政管理方面的法律、行政法规。对于合法建筑物、构筑物和设施的依法强制拆除，性质上属于行政强制执行，但不适用本条规定，应当适用城市房地产管理法和相关行政法规的规定。

第二节 金钱给付义务的执行

第四十五条 【罚款和滞纳金】行政机关依法作出金钱给付义务的行政决定，当事人逾期不履行的，行政机关可以依法加处罚款或者滞纳金。加处罚款或者滞纳金的标准应当告知当事人。

加处罚款或者滞纳金的数额不得超出金钱给付义务的数额。

> **注解**
>
> 加处罚款或者滞纳金属于执行罚，是间接强制的一种。所谓执行罚是指，义务人不履行法定义务，而该义务又不能由他人代为履行或暂时尚不需由他人代为履行，有执行权的机关可通过使不履行义务的法定义务人承担新的持续不断的给付金钱义务，促使其履行义务。
>
> 为了防止加处罚款或者滞纳金被滥用，法律明确规定了适用加处罚款或者滞纳金的条件，行政机关在适用加处罚款或者滞纳金时必须遵循以下条件：一是当事人逾期不履行金钱给付义务的行政决定。金钱给付义务包括税收、行政事业性收费、罚款等以给付金钱作为义务内容的义务。二是行政机关应当将加处罚款或者滞纳金的标准告知当事人。告知对行政机关来说是一项法定义务，如果不履行这一义务将被认定为程序违法。三是加处罚款或者滞纳金的数额不得超出金钱给付义务的数额。四是加处罚款或者滞纳金的次

数限制。加处罚款或者滞纳金可以多次适用，至于适用几次为限，现在没有法律规定，似乎可以直至义务人履行义务为止。但是一般认为，执行罚款的适用也应该有次数限制，否则不符合比例原则。

> **配套**

《行政处罚法》第72条；《海关法》第60条；《劳动法》第100条；《水法》第70条；《税收征收管理法》第32条；《道路交通安全法》第109条

第四十六条　【不缴纳罚款或滞纳金时的强制执行】行政机关依照本法第四十五条规定实施加处罚款或者滞纳金超过三十日，经催告当事人仍不履行的，具有行政强制执行权的行政机关可以强制执行。

行政机关实施强制执行前，需要采取查封、扣押、冻结措施的，依照本法第三章规定办理。

没有行政强制执行权的行政机关应当申请人民法院强制执行。但是，当事人在法定期限内不申请行政复议或者提起行政诉讼，经催告仍不履行的，在实施行政管理过程中已经采取查封、扣押措施的行政机关，可以将查封、扣押的财物依法拍卖抵缴罚款。

> **注解**

关于金钱给付义务直接强制执行的条件。当事人仍不履行义务的，行政机关必须要经过一定的期限和履行一定的程序，才可以采取进一步的处理措施。行政机关依照《行政强制法》第45条规定实施加处罚款或者滞纳金超过三十日，经催告当事人仍不履行的，行政机关自己或申请人民法院采取直接强制执行。

关于直接强制执行的方式。行政机关直接强制执行由法律规定；法律没有规定直接强制执行权的，作出行政决定的行政机关应当申请人民法院强制执行。申请人民法院强制执行，即行政诉讼中的"非诉执行"。根据《最高人民法院关于适用〈中华人民共和国行政诉讼法〉的解释》第155条的规定："行政机关根据行政诉讼法第九十七条的规定申请执行其行政行为，应当具备以下条件：（一）行政行为依法可以由人民法院执行；（二）行政行为已经生效并具有可执行内容；（三）申请人是作出该行政行为的行政机关或者法律、法规、规章授权的组织；（四）被申请人是该行政行为所确定的义务人；（五）被申请人在行政行为确定的期限内或者行政机关催告期限内未履行义务；（六）申请人在法定期限内提出申请；（七）被申请执行的行政案件属于受理执行申请的人民法院管辖。行政机关申请人民法院执行，应当提交行政强制法第五十五条规定的相关材料。人民法院对符合条件的申请，应当在五日内立案受理，并通知申请人；对不符合条件的申请，应当裁定不予受理。行政机关对不予受理裁定有异议，在十五日内向上一级人民法院申请复议的，上一级人民法院应当在收到复议申请之日起十五日内作出裁定。"

第四十七条 【依法划拨存款、汇款】 划拨存款、汇款应当由法律规定的行政机关决定，并书面通知金融机构。金融机构接到行政机关依法作出划拨存款、汇款的决定后，应当立即划拨。

法律规定以外的行政机关或者组织要求划拨当事人存款、汇款的，金融机构应当拒绝。

注 解

只有法律规定的行政机关有权决定要求金融机构划拨存款、汇款，法律规定以外的其他行政机关或者组织不得向金融机构要求划拨当事人存款、汇款。

应 用

28. 金融机构未及时履行协助义务的，应该如何处理？

根据本法第65条的规定，金融机构对应当立即冻结、划拨的存款、汇款不冻结或者不划拨，致使存款、汇款转移的；将不应当冻结、划拨的存款、汇款予以冻结或者划拨的，由金融业监督管理机构责令改正，对直接负责的主管人员和其他直接责任人员依法给予处分。

第四十八条 【依法拍卖】 依法拍卖财物，由行政机关委托拍卖机构依照《中华人民共和国拍卖法》的规定办理。

第四十九条 【款项依法归库】 划拨的存款、汇款以及拍卖和依法处理所得的款项应当上缴国库或者划入财政专户。任何行政机关或者个人不得以任何形式截留、私分或者变相私分。

注解

财政专用账户是指在银行开立的用于存储、管理和核算具有专项用途的财政性资金的专用账户。行政机关基本存款账户是指行政机关办理日常转账结算和现金收付而开立的银行结算账户，是行政机关的主要存款账户。行政机关基本存款账户的使用范围包括：行政机关日常经营活动的资金收付，以及存款人的工资、奖金和现金的支取。划拨存款、汇款及拍卖、依法处理所得应当划入财政专用账户或者法律、法规规定的账户，不得划入行政机关的基本账户或者其他账户。

应用

29. 截留、私分或者变相私分划拨存款、汇款及拍卖、依法处理所得的应该如何处理？

本法第63条第1款规定，行政机关将查封、扣押的财物或者划拨的存款、汇款以及拍卖和依法处理所得的款项，截留、私分或者变相私分的，由财政部门或者有关部门予以追缴；对直接负责的主管人员和其他直接责任人员依法给予记大过、降级、撤职或者开除的处分。第66条规定，违反本法规定，金融机构将款项划入国库或者财政专户以外的其他账户的，由金融业监督管理机构责令改正，并处以违法划拨款项二倍的罚款；对直接负责的主管人员和其他直接责任人员依法给予处分。

第三节 代 履 行

第五十条 【代履行的情形】行政机关依法作出要求当事人履行排除妨碍、恢复原状等义务的行政决定，当事人逾期不履行，经催告仍不履行，其后果已经或者将危害交通安全、造成环境污染或者破坏自然资源的，行政机关可以代履行，或者委托没有利害关系的第三人代履行。

注解

代履行不是当事人委托第三人履行，不是代执行，也不是行政机关直接强制执行。在有第三人参与的执行中，主要有四类情形。一是当事人委托第三人履行义务，属于自动履行行政义务，不属于强制执行。二是行政机关将强制执行权委托第三人履行,即代为强制执行,性质属于行政委托。但行政强制措施都不能委托,行政强制执行权更不能委托,只能由法定的行政机关依照法律实施。三是行政机关雇佣第三人完成某类专业性较强的任务,在行政机关指挥下,配合行政机关履行职责,如第三人提供专业挖掘机械配合行政机关拆除违章建筑。这种情况下,属于行政机关实施行政强制执行,不属于代履行。四是行政机关委托第三人完成当事人应当履行的义务。第三人与当事人没有关系;第三人具有独立地位,不依附于行政机关,根据与行政机关之间的委托协议履行义务;委托内容是当事人应当履行的义务而不是行政强制执行权。这就是具有独特内容的代履行。

配套

《防洪法》第56条

第五十一条 【代履行应遵守的规定】 代履行应当遵守下列规定:

(一)代履行前送达决定书,代履行决定书应当载明当事人的姓名或者名称、地址,代履行的理由和依据、方式和时间、标的、费用预算以及代履行人;

(二)代履行三日前,催告当事人履行,当事人履行的,停止代履行;

(三)代履行时,作出决定的行政机关应当派员到场监督;

(四)代履行完毕,行政机关到场监督的工作人员、代履行人和当事人或者见证人应当在执行文书上签名或者盖章。

代履行的费用按照成本合理确定,由当事人承担。但是,法律另有规定的除外。

代履行不得采用暴力、胁迫以及其他非法方式。

注解

代履行收费标准一直是重点规范内容。本条作了三项针对性规定:一是在代履行决定书中应当载明代履行预算费用,要求代履行费用应当事先基本明确。二是明确代履行费用按照成本合理确定。代履行本身不应是惩罚机制，不应以加大当事人负担为目的，因此代履行收费不能是纯粹商业性的，可以有一定利润，但应当以成本为基准将利润控制在一定范围内。三是代履行费用原则上由当事人承担，但法律另有规定的除外。

第五十二条　【代履行的立即实施】需要立即清除道路、河道、航道或者公共场所的遗洒物、障碍物或者污染物，当事人不能清除的，行政机关可以决定立即实施代履行；当事人不在场的，行政机关应当在事后立即通知当事人，并依法作出处理。

注解

本条是代履行的特别规定，即立即代履行。立即代履行性质上属于代履行：(1) 当事人的违法行为对正常行政管理秩序造成损害，当事人有排除妨碍、恢复原状的义务；(2) 行政机关自行或者委托第三人代为履行该排除妨碍、恢复原状的义务；(3) 可以按照成本确定收费。

应用

30. 立即代履行与代履行的区别是什么？

第一，适用对象是特定的。代履行的适用对象是可替代性义务。可替代性义务的范围较广。立即代履行的适用对象是：清除道路、河道、航道或者公共场所的遗洒物、障碍物或者污染物的作为义务，是可替代性义务中的一小部分。

第二，授权形式是普遍授权。与一般代履行相同，立即代履行由本条作了普遍授权。换言之，任何行政机关只要在其职权范围内，符合本条规定条件的，都可以依照本法规定立即实施清除道路、河道、航道或者公共场所遗洒物、障碍物或者污染物。这么规定主要是考虑：交通安全关系到广大人民群众的出行和生命财产安全，为了保障交通安全和顺畅，保证公共场所的可适用性，需要快速纠正违法行为，消除违法后果和不利影响，恢复正常的行政管理秩序。同时，清除遗洒物、障碍物和污染物不涉及对当事人财产权利的限制，是"做好事"，没有严格规范的必要，应当鼓励行政机关快速代履行。

第三，实施程序简易。代履行需要作催告，但立即代履行中没有催告程序。当事人在场的，行政机关可以责令当事人予以清除，当事人不同意清除的，行政机关可以立即实施代履行。当事人不在场的，行政机关可径直实施代履行，事后应当立即通知当事人，依法收取代履行费用，并依法对该违法行为作出处罚等行政处理。在立即代履行中，尽管程序简化了，但当事人自动履行优先的原则也是适用的，一般也应当有书面代履行决定。

第五章　申请人民法院强制执行

第五十三条　【申请法院强制执行的情形】当事人在法定期限内不申请行政复议或者提起行政诉讼，又不履行行政决定的，没有行政强制执行权的行政机关可以自期限届满之日起三个月内，依照本章规定申请人民法院强制执行。

注解

根据行政诉讼法的规定，人民法院的行政强制执行包括两种：一是对人民法院行政判决、裁定的强制执行；二是非诉行政执行。因此，行政机关申请人民法院强制执行也包括两种：一是公民、法人或者其他组织拒绝履行人民法院生效的行政判决、裁定的，行政机关可以向第一审人民法院申请强制执行；二是行政行为的相对人对行政行为在法定期限内没有提起行政复议或者行政诉讼，行政机关可以申请人民法院强制执行，即非诉行政执行。本条即是关于非诉行政执行的规定。

关于向人民法院申请强制执行的期限，注意以下四个问题：

一是，申请执行期限的起算点问题。本条规定，没有强制执行权的行政机关可以自期限届满之日起三个月内，申请人民法院强制执行。这三个月的期间应以哪一天为起算点？我国民法典规定的期间计算方法是以公历为计算方法，即以小时、日、月、年计算期间的，开始的当天不算入，从下一天开始计算。按此规定，行政机关申请人民法院强制执行的三个月的起算日应从当事人申请行政救济的期间届满之日的次日起算。例如，某人于2011年4月30日收到行政处罚决定书，他向法院提起行政诉讼的三个月的期限应为5月1日至7月31日。如果他在该期间内没有提起行政诉讼，则行政机关申请人民法院强制执行的期间应为8月1日至10月31日。

二是，申请执行期限定为多长时间为适宜。《最高人民法院关于适用

41

《中华人民共和国行政诉讼法》的解释》第156条规定："没有强制执行权的行政机关申请人民法院强制执行其行政行为，应当自被执行人的法定起诉期限届满之日起三个月内提出。逾期申请的，除有正当理由外，人民法院不予受理。"这一期限与本条规定的期限一致。

三是，当事人申请行政救济的法定期限以特别法规定为准。行政复议法和行政诉讼法都规定，其他法律对当事人提起行政复议或者提起行政诉讼的期限另有规定的，依照特别法的规定执行。例如《土地管理法》第83条规定："依照本法规定，责令限期拆除在非法占用的土地上新建的建筑物和其他设施的，建设单位或者个人必须立即停止施工，自行拆除；对继续施工的，作出处罚决定的机关有权制止。建设单位或者个人对责令限期拆除的行政处罚决定不服的，可以在接到责令限期拆除决定之日起十五日内，向人民法院起诉；期满不起诉又不自行拆除的，由作出处罚决定的机关依法申请人民法院强制执行，费用由违法者承担。"按此规定，如果行政处罚决定中规定当事人在收到行政决定之日起十五日自觉履行义务，同时，如果对处罚决定不服，在收到行政处罚决定之日起十五日内向人民法院直接提起行政诉讼。但该当事人在收到行政处罚决定之日起十五日内没有提起行政诉讼，又没有自觉履行义务，按照本条规定，行政机关可以在当事人收到行政处罚决定十五日期满之日起的三个月内向人民法院申请强制执行。

四是，三个月的期间为除斥期间还是诉讼时效的性质？《民事诉讼法》第246条第1款规定："申请执行的期间为二年。申请执行时效的中止、中断，适用法律有关诉讼时效中止、中断的规定。"从以上规定可以看出，民事案件的当事人向法院申请的期间为诉讼时效的性质。《最高人民法院关于适用〈中华人民共和国行政诉讼法〉的解释》第156条规定："没有强制执行权的行政机关申请人民法院强制执行其行政行为，应当自被执行人的法定起诉期限届满之日起三个月内提出。逾期申请的，除有正当理由外，人民法院不予受理。"以上规定很不明确，似乎为诉讼时效的性质，因为有正当理由，可以延长申请的期间。立法认为，本条规定的三个月的期间为除斥期间。理由是行政机关申请人民法院执行其行政决定，是出于公共利益，与民事案件当事人申请法院执行是处分自己的私权利不同。为了提高行政效率，维护公共利益，行政机关应在一个不变的期间内向法院申请强制执行，因此本条规定的三个月即为除斥期间，没有中止、中断之说。

配套

《行政诉讼法》第97条;《最高人民法院关于适用〈中华人民共和国行政诉讼法〉的解释》第156条

第五十四条 【管辖】行政机关申请人民法院强制执行前,应当催告当事人履行义务。催告书送达十日后当事人仍未履行义务的,行政机关可以向所在地有管辖权的人民法院申请强制执行;执行对象是不动产的,向不动产所在地有管辖权的人民法院申请强制执行。

注解

催告程序,是指当义务人逾期不履行生效法律文书中指定的行政义务时,行政机关通知义务人在一定期限内自觉履行义务,并告知相对人不履行义务将要产生对其不利后果的程序。

执行案件管辖,是指根据法律规定,在人民法院系统内部就执行案件所作的分工和权限划分,包括上下级人民法院之间的级别管辖和同级人民法院之间的地域管辖。

注意,行政机关应当按照级别管辖的一般原则向有管辖权的中级人民法院或高级人民法院申请强制执行,并非完全由基层人民法院作为非诉行政执行的管辖法院。

应用

31. 催告程序应具备哪些要求?

(1)催告应当以书面形式作出;(2)催告书应当载明本法第35条所列的事项,即:当事人履行义务的期限、履行义务的方式、涉及金钱给付的,应当明确金额和给付方式、当事人依法享有的陈述权和申辩权;(3)当事人不履行义务的后果。

配套

《行政诉讼法》;《民事诉讼法》;《最高人民法院关于适用〈中华人民共和国行政诉讼法〉的解释》;《最高人民法院关于人民法院执行工作若干问题的规定(试行)》

第五十五条 【执行申请材料】行政机关向人民法院申请强制执行,应当提供下列材料:

（一）强制执行申请书;

（二）行政决定书及作出决定的事实、理由和依据;

（三）当事人的意见及行政机关催告情况;

（四）申请强制执行标的情况;

（五）法律、行政法规规定的其他材料。

强制执行申请书应当由行政机关负责人签名,加盖行政机关的印章,并注明日期。

注 解

行政机关的申请是人民法院强制执行的前提和第一个环节,人民法院只有在收到行政机关的执行申请后,才开始决定是否执行,行政机关申请强制执行时,必须向法院提交相应的材料,以便司法机关进行审查。

应 用

32. 申请执行书应该包含哪些内容?

（1）表明行政机关申请法院强制执行的意见;（2）申请执行机关的名称、法定代表人;（3）被执行人的姓名或名称、住址等内容;（4）本条第2款还规定了强制执行申请书应当由行政机关负责人签名,加盖行政机关的印章,并注明日期。

33. 申请执行的标的应该包含哪些要素?

（1）权利和义务关系。（2）给付方式。即以何种方式兑现既定的权利和义务,如给付金钱、交付财物、完成行为等。（3）给付的物质种类。如现金、实物、行为等。（4）数额或要求。即物的价值、数目和具体标准。

配 套

《最高人民法院关于适用〈中华人民共和国行政诉讼法〉的解释》;《最高人民法院关于人民法院执行工作若干问题的规定（试行）》

第五十六条 【执行申请的受理】人民法院接到行政机关强制执行的申请,应当在五日内受理。

行政机关对人民法院不予受理的裁定有异议的，可以在十五日内向上一级人民法院申请复议，上一级人民法院应当自收到复议申请之日起十五日内作出是否受理的裁定。

注解

《最高人民法院关于适用〈中华人民共和国行政诉讼法〉的解释》第155条规定，行政机关根据行政诉讼法第九十七条的规定申请执行其行政行为，应当具备以下条件：（1）行政行为依法可以由人民法院执行的，即法律、法规没有赋予行政机关强制执行权，行政机关申请人民法院强制执行的，人民法院应当依法受理。（2）行政行为已经生效并具有可执行内容。已经生效是指行政行为已经符合生效条件，包括行政行为期限条件等已经满足。具有可执行的内容是指行政行为具有可强制执行的标的，如金钱给付，能够强制作为或者替代履行。（3）申请人是作出该行政行为的行政机关或者法律、法规、规章授权的组织。申请人主要包括：①作出该行政行为的行政机关。②法律、法规、规章授权的组织。（4）被申请人是该行政行为所确定的义务人。该义务人是行政行为确定的直接的行政相对人。（5）被申请人在行政行为确定的期限内或者行政机关催告期限内未履行义务。被申请人在指定的期限内履行了行政行为确定的义务，人民法院就不能受理行政机关强制执行的申请。（6）申请人在法定期限内提出申请。"法定期限"包括：①本法第53条规定：当事人在法定期限内不申请行政复议或者提起行政诉讼，又不履行行政决定的，没有行政强制执行权的行政机关可以自期限届满之日起三个月内，依照本章规定申请人民法院强制执行。超过三个月申请人民法院强制执行的，人民法院不予受理。②"催告期"，本法第54条规定：催告书送达十日后当事人仍未履行义务的，行政机关可以向所在地有管辖权的人民法院申请强制执行。③申请行政复议或者提起行政诉讼期间，不能申请法院强制执行。（7）被申请执行的行政案件属于受理执行申请的人民法院管辖。这一条件要求申请人必须向有管辖权的人民法院提出申请。

配套

《最高人民法院关于适用〈中华人民共和国行政诉讼法〉的解释》

第五十七条 【书面审查】人民法院对行政机关强制执行的申请进行书面审查,对符合本法第五十五条规定,且行政决定具备法定执行效力的,除本法第五十八条规定的情形外,人民法院应当自受理之日起七日内作出执行裁定。

注解

人民法院对非诉行政执行审查的形式是书面审查。书面审查的形式有别于开庭审查或者召开听证会审查的形式,即主要以行政机关提供的书面材料为主进行的审查,相当于形式审查。

所谓"行政决定具备法定执行效力"是指行政决定已经发生法律效力,包括在复议、诉讼期间没有复议或诉讼,加处罚款或者滞纳金超过三十日后,当事人仍不履行的情形等。行政决定只有发生法律效力,才具有执行效力。

应用

34. 人民法院对非诉行政执行案件书面审查的内容有哪些?

第一,行政机关是否在法定期限内提出的申请。本法第53条规定,没有直接强制执行权的行政机关应当在当事人申请行政救济的法定期限届满之日起三个月内申请人民法院强制执行。本法对行政机关逾期申请的法律后果未作明确规定,一般来讲,行政机关没有在三个月的期限内向法院提出申请,要承担不被法院受理的法律后果。《最高人民法院关于适用〈中华人民共和国行政诉讼法〉的解释》第156条规定,行政机关逾期申请的,除有正当理由外,人民法院不予受理。

第二,行政机关是否按照本法第55条的规定提供了齐备的申请材料。本法第55条第1款规定:"行政机关向人民法院申请强制执行,应当提供下列材料:(一)强制执行申请书;(二)行政决定书及作出决定的事实、理由和依据;(三)当事人的意见及行政机关催告情况;(四)申请强制执行标的情况;(五)法律、行政法规规定的其他材料。"

第三,行政决定是否具备法定执行效力。所谓"行政决定具备法定执行效力"是指行政决定已经发生法律效力,包括在复议、诉讼期间没有复议或诉讼,加处罚款或者滞纳金超过三十日后,当事人仍不履行的情形。行政决定只有发生法律效力,才具有执行效力。

第四，行政决定不具有本法第58条规定的三项情形。人民法院对执行申请进行书面审查的过程中，没有发现行政决定具有本法第58条规定的三项情形，即：(1) 明显缺乏事实根据的；(2) 明显缺乏法律、法规依据的；(3) 其他明显违法并损害被执行人合法权益的。

人民法院通过对以上四项内容的书面审查，认为没有问题的，应当自受理之日起七日内作出执行裁定。

配套

《最高人民法院关于适用〈中华人民共和国行政诉讼法〉的解释》第156条

第五十八条 【执行裁定】 人民法院发现有下列情形之一的，在作出裁定前可以听取被执行人和行政机关的意见：

（一）明显缺乏事实根据的；

（二）明显缺乏法律、法规依据的；

（三）其他明显违法并损害被执行人合法权益的。

人民法院应当自受理之日起三十日内作出是否执行的裁定。裁定不予执行的，应当说明理由，并在五日内将不予执行的裁定送达行政机关。

行政机关对人民法院不予执行的裁定有异议的，可以自收到裁定之日起十五日内向上一级人民法院申请复议，上一级人民法院应当自收到复议申请之日起三十日内作出是否执行的裁定。

注解

人民法院对行政机关的执行申请除进行形式（书面）审查外，还可以主动性地进行实质审查。《最高人民法院关于适用〈中华人民共和国行政诉讼法〉的解释》第160条第1款规定："人民法院受理行政机关申请执行其行政行为的案件后，应当在七日内由行政审判庭对行政行为的合法性进行审查，并作出是否准予执行的裁定。"从以上规定可以看出，所谓"对行政行为的合法性进行审查"，就是实质审查。

配 套

《最高人民法院关于适用〈中华人民共和国行政诉讼法〉的解释》第160条

第五十九条 【立即执行】因情况紧急，为保障公共安全，行政机关可以申请人民法院立即执行。经人民法院院长批准，人民法院应当自作出执行裁定之日起五日内执行。

注 解

对于什么情况属于情况紧急，是否属于保障公共安全，由行政机关根据具体情况作出判断，最后由人民法院进行裁量。当然如果法律、法规对情况紧急的情形作出规定，应遵守法律、法规的规定。

第六十条 【费用承担和执行措施】行政机关申请人民法院强制执行，不缴纳申请费。强制执行的费用由被执行人承担。

人民法院以划拨、拍卖方式强制执行的，可以在划拨、拍卖后将强制执行的费用扣除。

依法拍卖财物，由人民法院委托拍卖机构依照《中华人民共和国拍卖法》的规定办理。

划拨的存款、汇款以及拍卖和依法处理所得的款项应当上缴国库或者划入财政专户，不得以任何形式截留、私分或者变相私分。

注 解

一般而言，诉讼费用包括案件受理费和在案件审理中所实际支出的费用。而强制执行的费用，是指在强制执行活动中，当事人应向人民法院交纳和支付的费用。比如由人民法院或人民法院委托其他单位或个人进行的与本案执行有关的勘验、鉴定、评估、拍卖、变卖、仓储、保管、运输等实际支出的费用，以及法院采取强制执行措施所额外支出的费用等。

人民法院以拍卖方式强制执行的，可以在拍卖后将强制执行的费用扣除。这就是说，拍卖所得的价款在支付了拍卖所必需的费用后，法院可以优先在所剩余款项中扣除强制执行所实际支出的费用。这些费用除了前述费用外，一般还包括：一是拍卖标的的运输、保管费用；二是拍卖前，对拍卖标的的评估费用；三是拍卖程序中，对拍卖标的的鉴定费用等。

配套

《拍卖法》第9条、第57条；《诉讼费用交纳办法》第10条

第六章　法律责任

第六十一条　【违法行政强制的责任】行政机关实施行政强制，有下列情形之一的，由上级行政机关或者有关部门责令改正，对直接负责的主管人员和其他直接责任人员依法给予处分：

（一）没有法律、法规依据的；

（二）改变行政强制对象、条件、方式的；

（三）违反法定程序实施行政强制的；

（四）违反本法规定，在夜间或者法定节假日实施行政强制执行的；

（五）对居民生活采取停止供水、供电、供热、供燃气等方式迫使当事人履行相关行政决定的；

（六）有其他违法实施行政强制情形的。

注解

1. 没有法律、法规依据的。根据行政强制法的规定，只有法律、行政法规和地方性法规有权设定相应的行政强制措施，法律、法规以外的其他规范性文件不得设定行政强制措施。行政机关实施行政强制没有法律法规依据，即构成适用法律错误，为违法实施行政强制。

2. 改变行政强制对象、条件、方式的。法律、法规设定行政强制措施，要明确其适用的对象、条件和方式。

3. 违反法定程序实施行政强制的。行政强制法明确规定，实施行政强

制，应当依照法定的程序，否则构成违反法定程序，属于违法行政强制行为，应当承担相应的法律责任。

4. 违反本法规定，在夜间或者法定节假日实施行政强制执行或者对居民生活采取停止供水、供电、供热、供燃气等方式迫使当事人履行相关行政决定的。这里的"夜间"，按照环境噪声污染防治法的规定，是指晚十点至晨六点之间的期间。"法定节假日"是指双休日和元旦、春节、清明节、国际劳动节、端午节、中秋节、国庆节等法定节假日。

应用

35. 在未发强行拆除通知、未予公告的情况下，行政机关是否要承担违法行政强制的责任？

凌晨对房屋进行强制拆除，程序上存在严重瑕疵，即采取强制拆除前未发出强制拆除通知，未向拆房屋所在地的村民委员会、村民小组张贴公告限期自行拆除，违反了《中华人民共和国行政强制法》第34条、第44条的规定。而且，在夜间实施行政强制执行，不符合《中华人民共和国行政强制法》第43条第1款有关"行政机关不得在夜间或者法定节假日实行强制执行"的规定。

即使对于违法建筑的强制拆除，也要严格遵循《中华人民共和国行政强制法》的程序性规定，拆除之前应当先通知相对人自行拆除，在当地张贴公告且不得在夜间拆除。如未遵循这些程序要求，则会被人民法院判决确认违法。（2014年8月30日最高人民法院公布的人民法院征收拆迁十大案例：叶呈胜、叶呈长、叶呈发诉仁化县人民政府房屋行政强制案）

配套

《噪声污染防治法》第88条

第六十二条　【滥用行政强制的责任】违反本法规定，行政机关有下列情形之一的，由上级行政机关或者有关部门责令改正，对直接负责的主管人员和其他直接责任人员依法给予处分：

（一）扩大查封、扣押、冻结范围的；

（二）使用或者损毁查封、扣押场所、设施或者财物的；

（三）在查封、扣押法定期间不作出处理决定或者未依法及时解除查封、扣押的；

（四）在冻结存款、汇款法定期间不作出处理决定或者未依法及时解除冻结的。

应用

36. 行政处分和行政处罚有何区别？

行政处分和行政处罚虽然同属行政责任的一种，但二者是不同的：第一，适用对象不同，行政处分只适用于国家公职人员，不适用于社会上一般的公民；而行政处罚则适用于所有的公民、法人或其他组织。第二，适用的违法行为不同，行政处分与行政处罚都适用于行政违法行为，但行政处分适用的是一般的违法失职行为，而行政处罚则适用于违反某种特定的、设定有行政处罚的法律、法规、规章的违法行为。第三，实施处罚的机关不同。实施行政处分的机关必须是被处分人员所在单位或者行政监察机关，实施行政处罚的机关是国家法律规定的具有行政处罚权的行政机关，法律、法规授权的具有管理公共事务职能的组织和行政机关依照法律、法规、规章的规定，在其法定权限内委托的组织。第四，执行不同。行政处分只能由国家机关和依法履行管理职能的事业单位执行；而行政处罚则由行政机关执行，也可由行政机关申请人民法院强制执行。第五，救济的渠道不同。行政处罚的救济渠道为行政复议和行政诉讼，当事人对行政处罚不服的，可以向该行政机关的上级行政机关申请行政复议，也可以向人民法院就行政机关的行政处罚行为提起行政诉讼。行政处分的救济渠道为复核和申诉：当事人对行政处分不服的，可以自知道该处理决定之日起三十日内向原处理机关申请复核；对复核结果不服的，可以自接到复核决定之日起十五日内，按照规定向同级公务员主管部门或者作出处理的机关的上一级机关提出申诉；也可以不经复核，自知道处理决定之日起三十日内直接提出申诉。对省级以下机关作出的申诉处理决定不服的，可以向作出处理决定的上一级机关提出申诉。行政机关公务员对处分不服向行政监察机关申诉的，监察机关经审查认为原行政处分决定是错误的，应当及时予以纠正；造成名誉损害的，应当负责恢复名誉、消除影响、赔礼道歉；造成经济损失的，应当负赔偿责任。

37. 无正当理由长期扣留相对人车辆，是否违背了公正文明的执法要求？

深入推进依法行政，加快建设法治政府，要求必须坚持严格规范公正文

51

明执法。行政机关既要严格执法以维护社会管理秩序，也要公正把握执法尺度，兼顾相对人合法权益的保护。为维护道路交通秩序，预防和减少交通事故，保护人身、财产安全，公安机关交通管理部门有权依法扣留违法车辆。存在裁量余地时，对违法车辆的扣留应以实现行政目的为限，尽可能选择对相对人合法权益损害最小的方式。违反法定程序，无正当理由长期扣留车辆，过度推诿卸责，严重突破实现行政目的的限度，且对相对人合法权益造成重大损害，显已违背严格规范公正文明的执法要求。人民法院依法予以纠正，救济相对人合法权益，监督行政机关依法行使职权，助推依法行政，促进法治政府如期建成。(2017年6月13日最高人民法院行政审判十大典型案例（第一批）：刘云务诉山西省太原市公安局交通警察支队晋源一大队道路交通管理行政强制案)

第六十三条 【渎职责任】行政机关将查封、扣押的财物或者划拨的存款、汇款以及拍卖和依法处理所得的款项，截留、私分或者变相私分的，由财政部门或者有关部门予以追缴；对直接负责的主管人员和其他直接责任人员依法给予记大过、降级、撤职或者开除的处分。

行政机关工作人员利用职务上的便利，将查封、扣押的场所、设施或者财物据为己有的，由上级行政机关或者有关部门责令改正，依法给予记大过、降级、撤职或者开除的处分。

注 解

这里的"有关部门"包括审计部门、监察部门及违法的行政机关的上级主管部门。本条规定的违法行为中，行政机关截留、私分或者变相私分应当上缴国库或者划入财政专户的钱款的，应按《财政违法行为处罚处分条例》的规定予以处罚、处分。

第六十四条 【谋取私利的责任】行政机关及其工作人员利用行政强制权为单位或者个人谋取利益的，由上级行政机关或者有关部门责令改正，对直接负责的主管人员和其他直接责任人员依法给予处分。

注解

本条是关于行政机关或者法律、行政法规授权的具有管理公共事务职能的组织及其工作人员滥用行政强制权应承担的法律责任的规定。理解这一规定要注意以下几点：

一是利用行政强制权为单位或者个人谋取利益的主体不仅包括行政机关及其工作人员，还包括法律、行政法规授权的具有管理公共事务职能的组织及其工作人员。

二是行政机关及其工作人员利用行政强制权为单位或者个人谋取利益属于滥用职权的行为。所谓"滥用职权"指的是，行政机关或者法律、行政法规授权的具有管理公共事务职能的组织及其工作人员违背法律授权目的行使法定职权。

三是滥用行政强制权的，由上级行政机关或者有关部门责令改正，对直接负责的主管人员和其他直接责任人员依法给予处分。本条规定的法律责任是行政处分。但是，行政机关或者法律、行政法规授权的具有管理公共事务职能的组织及其工作人员利用行政强制权为单位或者个人谋取利益，给当事人造成损失的，应当给予国家赔偿。

第六十五条　【金融机构违法责任一】 违反本法规定，金融机构有下列行为之一的，由金融业监督管理机构责令改正，对直接负责的主管人员和其他直接责任人员依法给予处分：

（一）在冻结前向当事人泄露信息的；

（二）对应当立即冻结、划拨的存款、汇款不冻结或者不划拨，致使存款、汇款转移的；

（三）将不应当冻结、划拨的存款、汇款予以冻结或者划拨的；

（四）未及时解除冻结存款、汇款的。

第六十六条　【金融机构违法责任二】 违反本法规定，金融机构将款项划入国库或者财政专户以外的其他账户的，由金融业监督管理机构责令改正，并处以违法划拨款项一倍的罚款；对直接负责的主管人员和其他直接责任人员依法给予处分。

违反本法规定，行政机关、人民法院指令金融机构将款项划入国库或者财政专户以外的其他账户的，对直接负责的主管人员和其他直接责任人员依法给予处分。

第六十七条 【司法人员违法责任】人民法院及其工作人员在强制执行中有违法行为或者扩大强制执行范围的，对直接负责的主管人员和其他直接责任人员依法给予处分。

注解

本条是关于人民法院及其工作人员在强制执行中有违法行为或者扩大强制执行范围的法律责任的规定。《人民法院工作人员处分条例》规定，"人民法院工作人员因违反法律、法规或者本条例规定，应当承担纪律责任的，依照本条例给予处分"。处分的种类为：警告、记过、记大过、降级、撤职、开除。需要注意的是，人民法院工作人员违纪违法涉嫌犯罪的，应当移送司法机关处理。

第六十八条 【赔偿责任和刑事责任】违反本法规定，给公民、法人或者其他组织造成损失的，依法给予赔偿。

违反本法规定，构成犯罪的，依法追究刑事责任。

注解

本条所指的赔偿通常是指对公民、法人或者其他组织的人身权、财产权造成的直接损失给予赔偿，一般以支付赔偿金为主要方式，能够返还财产或者恢复原状的，予以返还财产或者恢复原状。对公民造成精神损害的，应当在侵权行为影响的范围内，为受害人消除影响，恢复名誉，赔礼道歉；造成严重后果的，应当依法支付相应的精神损害抚慰金。

应用

38. 如何确定赔偿的义务机关？

行政机关及其工作人员行使行政职权侵犯公民、法人和其他组织的合法权益造成损害的，该行政机关为赔偿义务机关。

两个以上行政机关共同行使行政职权时侵犯公民、法人和其他组织的合法权益造成损害的，共同行使行政职权的行政机关为共同赔偿义务机关。

法律、法规授权的组织在行使授予的行政权力时侵犯公民、法人和其他组织的合法权益造成损害的,被授权的组织为赔偿义务机关。受行政机关委托的组织或者个人在行使受委托的行政权力时侵犯公民、法人和其他组织的合法权益造成损害的,委托的行政机关为赔偿义务机关。

赔偿义务机关被撤销的,继续行使其职权的行政机关为赔偿义务机关;没有继续行使其职权的行政机关的,撤销该赔偿义务机关的行政机关为赔偿义务机关。

经复议机关复议的,最初造成侵权行为的行政机关为赔偿义务机关,但复议机关的复议决定加重损害的,复议机关对加重的部分履行赔偿义务。

39. 赔偿义务机关作出赔偿决定的期限是多长时间?

赔偿义务机关应当自收到申请之日起两个月内,作出是否赔偿的决定。赔偿义务机关作出赔偿决定,应当充分听取赔偿请求人的意见,并可以与赔偿请求人就赔偿方式、赔偿项目和赔偿数额依照本法第四章的规定进行协商。

赔偿义务机关决定赔偿的,应当制作赔偿决定书,并自作出决定之日起十日内送达赔偿请求人。

赔偿义务机关决定不予赔偿的,应当自作出决定之日起十日内书面通知赔偿请求人,并说明不予赔偿的理由。

配 套

《刑法》第382条、第383条、第385条、第397条

第七章 附 则

第六十九条 【期限的界定】 本法中十日以内期限的规定是指工作日,不含法定节假日。

第七十条 【法定授权组织的适用情形】 法律、行政法规授权的具有管理公共事务职能的组织在法定授权范围内,以自己的名义实施行政强制,适用本法有关行政机关的规定。

> 注解

　　法律、行政法规授权的具有管理公共事务职能的组织在法定授权范围内，以自己的名义实施行政强制，对外独立承担法律责任。对因实施行政强制引起的行政争议，能够以自己的名义参加行政复议和行政诉讼。

第七十一条　【施行日期】本法自 2012 年 1 月 1 日起施行。

配套法规

中华人民共和国行政处罚法

（1996年3月17日第八届全国人民代表大会第四次会议通过 根据2009年8月27日第十一届全国人民代表大会常务委员会第十次会议《关于修改部分法律的决定》第一次修正 根据2017年9月1日第十二届全国人民代表大会常务委员会第二十九次会议《关于修改〈中华人民共和国法官法〉等八部法律的决定》第二次修正 2021年1月22日第十三届全国人民代表大会常务委员会第二十五次会议修订 2021年1月22日中华人民共和国主席令第70号公布 自2021年7月15日起施行）

第一章 总 则

第一条 为了规范行政处罚的设定和实施，保障和监督行政机关有效实施行政管理，维护公共利益和社会秩序，保护公民、法人或者其他组织的合法权益，根据宪法，制定本法。

第二条 行政处罚是指行政机关依法对违反行政管理秩序的公民、法人或者其他组织，以减损权益或者增加义务的方式予以惩戒的行为。

第三条 行政处罚的设定和实施，适用本法。

第四条 公民、法人或者其他组织违反行政管理秩序的行为，应当给予行政处罚的，依照本法由法律、法规、规章规定，并由行政机关依照本法规定的程序实施。

第五条 行政处罚遵循公正、公开的原则。

设定和实施行政处罚必须以事实为依据，与违法行为的事实、性质、情节以及社会危害程度相当。

对违法行为给予行政处罚的规定必须公布；未经公布的，不得作为行政处罚的依据。

第六条 实施行政处罚，纠正违法行为，应当坚持处罚与教育相结合，教育公民、法人或者其他组织自觉守法。

第七条 公民、法人或者其他组织对行政机关所给予的行政处罚，享有陈述权、申辩权；对行政处罚不服的，有权依法申请行政复议或者提起行政诉讼。

公民、法人或者其他组织因行政机关违法给予行政处罚受到损害的，有权依法提出赔偿要求。

第八条 公民、法人或者其他组织因违法行为受到行政处罚，其违法行为对他人造成损害的，应当依法承担民事责任。

违法行为构成犯罪，应当依法追究刑事责任的，不得以行政处罚代替刑事处罚。

第二章 行政处罚的种类和设定

第九条 行政处罚的种类：

（一）警告、通报批评；

（二）罚款、没收违法所得、没收非法财物；

（三）暂扣许可证件、降低资质等级、吊销许可证件；

（四）限制开展生产经营活动、责令停产停业、责令关闭、限制从业；

（五）行政拘留；

（六）法律、行政法规规定的其他行政处罚。

第十条 法律可以设定各种行政处罚。

限制人身自由的行政处罚，只能由法律设定。

第十一条　行政法规可以设定除限制人身自由以外的行政处罚。

法律对违法行为已经作出行政处罚规定，行政法规需要作出具体规定的，必须在法律规定的给予行政处罚的行为、种类和幅度的范围内规定。

法律对违法行为未作出行政处罚规定，行政法规为实施法律，可以补充设定行政处罚。拟补充设定行政处罚的，应当通过听证会、论证会等形式广泛听取意见，并向制定机关作出书面说明。行政法规报送备案时，应当说明补充设定行政处罚的情况。

第十二条　地方性法规可以设定除限制人身自由、吊销营业执照以外的行政处罚。

法律、行政法规对违法行为已经作出行政处罚规定，地方性法规需要作出具体规定的，必须在法律、行政法规规定的给予行政处罚的行为、种类和幅度的范围内规定。

法律、行政法规对违法行为未作出行政处罚规定，地方性法规为实施法律、行政法规，可以补充设定行政处罚。拟补充设定行政处罚的，应当通过听证会、论证会等形式广泛听取意见，并向制定机关作出书面说明。地方性法规报送备案时，应当说明补充设定行政处罚的情况。

第十三条　国务院部门规章可以在法律、行政法规规定的给予行政处罚的行为、种类和幅度的范围内作出具体规定。

尚未制定法律、行政法规的，国务院部门规章对违反行政管理秩序的行为，可以设定警告、通报批评或者一定数额罚款的行政处罚。罚款的限额由国务院规定。

第十四条　地方政府规章可以在法律、法规规定的给予行政处罚的行为、种类和幅度的范围内作出具体规定。

尚未制定法律、法规的，地方政府规章对违反行政管理秩序的行为，可以设定警告、通报批评或者一定数额罚款的行政处罚。罚款的限额由省、自治区、直辖市人民代表大会常务委员会规定。

第十五条　国务院部门和省、自治区、直辖市人民政府及其有关部门应当定期组织评估行政处罚的实施情况和必要性，对不适当的行政处罚事项及种类、罚款数额等，应当提出修改或者废止的建议。

第十六条　除法律、法规、规章外，其他规范性文件不得设定行政处罚。

第三章　行政处罚的实施机关

第十七条　行政处罚由具有行政处罚权的行政机关在法定职权范围内实施。

第十八条　国家在城市管理、市场监管、生态环境、文化市场、交通运输、应急管理、农业等领域推行建立综合行政执法制度，相对集中行政处罚权。

国务院或者省、自治区、直辖市人民政府可以决定一个行政机关行使有关行政机关的行政处罚权。

限制人身自由的行政处罚权只能由公安机关和法律规定的其他机关行使。

第十九条　法律、法规授权的具有管理公共事务职能的组织可以在法定授权范围内实施行政处罚。

第二十条　行政机关依照法律、法规、规章的规定，可以在其法定权限内书面委托符合本法第二十一条规定条件的组织实施行政处罚。行政机关不得委托其他组织或者个人实施行政处罚。

委托书应当载明委托的具体事项、权限、期限等内容。委托行政机关和受委托组织应当将委托书向社会公布。

委托行政机关对受委托组织实施行政处罚的行为应当负责监督，并对该行为的后果承担法律责任。

受委托组织在委托范围内，以委托行政机关名义实施行政处罚；不得再委托其他组织或者个人实施行政处罚。

第二十一条　受委托组织必须符合以下条件：

（一）依法成立并具有管理公共事务职能；

（二）有熟悉有关法律、法规、规章和业务并取得行政执法资格的工作人员；

（三）需要进行技术检查或者技术鉴定的，应当有条件组织进行相应的技术检查或者技术鉴定。

第四章 行政处罚的管辖和适用

第二十二条 行政处罚由违法行为发生地的行政机关管辖。法律、行政法规、部门规章另有规定的，从其规定。

第二十三条 行政处罚由县级以上地方人民政府具有行政处罚权的行政机关管辖。法律、行政法规另有规定的，从其规定。

第二十四条 省、自治区、直辖市根据当地实际情况，可以决定将基层管理迫切需要的县级人民政府部门的行政处罚权交由能够有效承接的乡镇人民政府、街道办事处行使，并定期组织评估。决定应当公布。

承接行政处罚权的乡镇人民政府、街道办事处应当加强执法能力建设，按照规定范围、依照法定程序实施行政处罚。

有关地方人民政府及其部门应当加强组织协调、业务指导、执法监督，建立健全行政处罚协调配合机制，完善评议、考核制度。

第二十五条 两个以上行政机关都有管辖权的，由最先立案的行政机关管辖。

对管辖发生争议的，应当协商解决，协商不成的，报请共同的上一级行政机关指定管辖；也可以直接由共同的上一级行政机关指定管辖。

第二十六条 行政机关因实施行政处罚的需要，可以向有关机关提出协助请求。协助事项属于被请求机关职权范围内的，应当依法予以协助。

第二十七条 违法行为涉嫌犯罪的，行政机关应当及时将案件移送司法机关，依法追究刑事责任。对依法不需要追究刑事责任或者免予刑事处罚，但应当给予行政处罚的，司法机关应当及时将案件移送有关行政机关。

行政处罚实施机关与司法机关之间应当加强协调配合，建立健全案件移送制度，加强证据材料移交、接收衔接，完善案件处理信息通报机制。

第二十八条　行政机关实施行政处罚时，应当责令当事人改正或者限期改正违法行为。

当事人有违法所得，除依法应当退赔的外，应当予以没收。违法所得是指实施违法行为所取得的款项。法律、行政法规、部门规章对违法所得的计算另有规定的，从其规定。

第二十九条　对当事人的同一个违法行为，不得给予两次以上罚款的行政处罚。同一个违法行为违反多个法律规范应当给予罚款处罚的，按照罚款数额高的规定处罚。

第三十条　不满十四周岁的未成年人有违法行为的，不予行政处罚，责令监护人加以管教；已满十四周岁不满十八周岁的未成年人有违法行为的，应当从轻或者减轻行政处罚。

第三十一条　精神病人、智力残疾人在不能辨认或者不能控制自己行为时有违法行为的，不予行政处罚，但应当责令其监护人严加看管和治疗。间歇性精神病人在精神正常时有违法行为的，应当给予行政处罚。尚未完全丧失辨认或者控制自己行为能力的精神病人、智力残疾人有违法行为的，可以从轻或者减轻行政处罚。

第三十二条　当事人有下列情形之一，应当从轻或者减轻行政处罚：

（一）主动消除或者减轻违法行为危害后果的；

（二）受他人胁迫或者诱骗实施违法行为的；

（三）主动供述行政机关尚未掌握的违法行为的；

（四）配合行政机关查处违法行为有立功表现的；

（五）法律、法规、规章规定其他应当从轻或者减轻行政处罚的。

第三十三条 违法行为轻微并及时改正,没有造成危害后果的,不予行政处罚。初次违法且危害后果轻微并及时改正的,可以不予行政处罚。

当事人有证据足以证明没有主观过错的,不予行政处罚。法律、行政法规另有规定的,从其规定。

对当事人的违法行为依法不予行政处罚的,行政机关应当对当事人进行教育。

第三十四条 行政机关可以依法制定行政处罚裁量基准,规范行使行政处罚裁量权。行政处罚裁量基准应当向社会公布。

第三十五条 违法行为构成犯罪,人民法院判处拘役或者有期徒刑时,行政机关已经给予当事人行政拘留的,应当依法折抵相应刑期。

违法行为构成犯罪,人民法院判处罚金时,行政机关已经给予当事人罚款的,应当折抵相应罚金;行政机关尚未给予当事人罚款的,不再给予罚款。

第三十六条 违法行为在二年内未被发现的,不再给予行政处罚;涉及公民生命健康安全、金融安全且有危害后果的,上述期限延长至五年。法律另有规定的除外。

前款规定的期限,从违法行为发生之日起计算;违法行为有连续或者继续状态的,从行为终了之日起计算。

第三十七条 实施行政处罚,适用违法行为发生时的法律、法规、规章的规定。但是,作出行政处罚决定时,法律、法规、规章已被修改或者废止,且新的规定处罚较轻或者不认为是违法的,适用新的规定。

第三十八条 行政处罚没有依据或者实施主体不具有行政主体资格的,行政处罚无效。

违反法定程序构成重大且明显违法的,行政处罚无效。

第五章 行政处罚的决定

第一节 一般规定

第三十九条 行政处罚的实施机关、立案依据、实施程序和救济渠道等信息应当公示。

第四十条 公民、法人或者其他组织违反行政管理秩序的行为，依法应当给予行政处罚的，行政机关必须查明事实；违法事实不清、证据不足的，不得给予行政处罚。

第四十一条 行政机关依照法律、行政法规规定利用电子技术监控设备收集、固定违法事实的，应当经过法制和技术审核，确保电子技术监控设备符合标准、设置合理、标志明显，设置地点应当向社会公布。

电子技术监控设备记录违法事实应当真实、清晰、完整、准确。行政机关应当审核记录内容是否符合要求；未经审核或者经审核不符合要求的，不得作为行政处罚的证据。

行政机关应当及时告知当事人违法事实，并采取信息化手段或者其他措施，为当事人查询、陈述和申辩提供便利。不得限制或者变相限制当事人享有的陈述权、申辩权。

第四十二条 行政处罚应当由具有行政执法资格的执法人员实施。执法人员不得少于两人，法律另有规定的除外。

执法人员应当文明执法，尊重和保护当事人合法权益。

第四十三条 执法人员与案件有直接利害关系或者有其他关系可能影响公正执法的，应当回避。

当事人认为执法人员与案件有直接利害关系或者有其他关系可能影响公正执法的，有权申请回避。

当事人提出回避申请的，行政机关应当依法审查，由行政机关负责人决定。决定作出之前，不停止调查。

第四十四条　行政机关在作出行政处罚决定之前,应当告知当事人拟作出的行政处罚内容及事实、理由、依据,并告知当事人依法享有的陈述、申辩、要求听证等权利。

第四十五条　当事人有权进行陈述和申辩。行政机关必须充分听取当事人的意见,对当事人提出的事实、理由和证据,应当进行复核;当事人提出的事实、理由或者证据成立的,行政机关应当采纳。

行政机关不得因当事人陈述、申辩而给予更重的处罚。

第四十六条　证据包括:

(一) 书证;

(二) 物证;

(三) 视听资料;

(四) 电子数据;

(五) 证人证言;

(六) 当事人的陈述;

(七) 鉴定意见;

(八) 勘验笔录、现场笔录。

证据必须经查证属实,方可作为认定案件事实的根据。

以非法手段取得的证据,不得作为认定案件事实的根据。

第四十七条　行政机关应当依法以文字、音像等形式,对行政处罚的启动、调查取证、审核、决定、送达、执行等进行全过程记录,归档保存。

第四十八条　具有一定社会影响的行政处罚决定应当依法公开。

公开的行政处罚决定被依法变更、撤销、确认违法或者确认无效的,行政机关应当在三日内撤回行政处罚决定信息并公开说明理由。

第四十九条　发生重大传染病疫情等突发事件,为了控制、减轻和消除突发事件引起的社会危害,行政机关对违反突发事件应对措施的行为,依法快速、从重处罚。

第五十条　行政机关及其工作人员对实施行政处罚过程中知悉的国家秘密、商业秘密或者个人隐私,应当依法予以保密。

第二节 简易程序

第五十一条 违法事实确凿并有法定依据，对公民处以二百元以下、对法人或者其他组织处以三千元以下罚款或者警告的行政处罚的，可以当场作出行政处罚决定。法律另有规定的，从其规定。

第五十二条 执法人员当场作出行政处罚决定的，应当向当事人出示执法证件，填写预定格式、编有号码的行政处罚决定书，并当场交付当事人。当事人拒绝签收的，应当在行政处罚决定书上注明。

前款规定的行政处罚决定书应当载明当事人的违法行为，行政处罚的种类和依据、罚款数额、时间、地点，申请行政复议、提起行政诉讼的途径和期限以及行政机关名称，并由执法人员签名或者盖章。

执法人员当场作出的行政处罚决定，应当报所属行政机关备案。

第五十三条 对当场作出的行政处罚决定，当事人应当依照本法第六十七条至第六十九条的规定履行。

第三节 普通程序

第五十四条 除本法第五十一条规定的可以当场作出的行政处罚外，行政机关发现公民、法人或者其他组织有依法应当给予行政处罚的行为的，必须全面、客观、公正地调查，收集有关证据；必要时，依照法律、法规的规定，可以进行检查。

符合立案标准的，行政机关应当及时立案。

第五十五条 执法人员在调查或者进行检查时，应当主动向当事人或者有关人员出示执法证件。当事人或者有关人员有权要求执法人员出示执法证件。执法人员不出示执法证件的，当事人或者有关人员有权拒绝接受调查或者检查。

当事人或者有关人员应当如实回答询问，并协助调查或者检查，不得拒绝或者阻挠。询问或者检查应当制作笔录。

第五十六条 行政机关在收集证据时，可以采取抽样取证的方法；在证据可能灭失或者以后难以取得的情况下，经行政机关负责人批准，可以先行登记保存，并应当在七日内及时作出处理决定，在此期间，当事人或者有关人员不得销毁或者转移证据。

第五十七条 调查终结，行政机关负责人应当对调查结果进行审查，根据不同情况，分别作出如下决定：

（一）确有应受行政处罚的违法行为的，根据情节轻重及具体情况，作出行政处罚决定；

（二）违法行为轻微，依法可以不予行政处罚的，不予行政处罚；

（三）违法事实不能成立的，不予行政处罚；

（四）违法行为涉嫌犯罪的，移送司法机关。

对情节复杂或者重大违法行为给予行政处罚，行政机关负责人应当集体讨论决定。

第五十八条 有下列情形之一，在行政机关负责人作出行政处罚的决定之前，应当由从事行政处罚决定法制审核的人员进行法制审核；未经法制审核或者审核未通过的，不得作出决定：

（一）涉及重大公共利益的；

（二）直接关系当事人或者第三人重大权益，经过听证程序的；

（三）案件情况疑难复杂、涉及多个法律关系的；

（四）法律、法规规定应当进行法制审核的其他情形。

行政机关中初次从事行政处罚决定法制审核的人员，应当通过国家统一法律职业资格考试取得法律职业资格。

第五十九条 行政机关依照本法第五十七条的规定给予行政处罚，应当制作行政处罚决定书。行政处罚决定书应当载明下列事项：

（一）当事人的姓名或者名称、地址；

（二）违反法律、法规、规章的事实和证据；

（三）行政处罚的种类和依据；

（四）行政处罚的履行方式和期限；

（五）申请行政复议、提起行政诉讼的途径和期限；

（六）作出行政处罚决定的行政机关名称和作出决定的日期。

行政处罚决定书必须盖有作出行政处罚决定的行政机关的印章。

第六十条 行政机关应当自行政处罚案件立案之日起九十日内作出行政处罚决定。法律、法规、规章另有规定的，从其规定。

第六十一条 行政处罚决定书应当在宣告后当场交付当事人；当事人不在场的，行政机关应当在七日内依照《中华人民共和国民事诉讼法》的有关规定，将行政处罚决定书送达当事人。

当事人同意并签订确认书的，行政机关可以采用传真、电子邮件等方式，将行政处罚决定书等送达当事人。

第六十二条 行政机关及其执法人员在作出行政处罚决定之前，未依照本法第四十四条、第四十五条的规定向当事人告知拟作出的行政处罚内容及事实、理由、依据，或者拒绝听取当事人的陈述、申辩，不得作出行政处罚决定；当事人明确放弃陈述或者申辩权利的除外。

第四节 听证程序

第六十三条 行政机关拟作出下列行政处罚决定，应当告知当事人有要求听证的权利，当事人要求听证的，行政机关应当组织听证：

（一）较大数额罚款；

（二）没收较大数额违法所得、没收较大价值非法财物；

（三）降低资质等级、吊销许可证件；

（四）责令停产停业、责令关闭、限制从业；

（五）其他较重的行政处罚；

（六）法律、法规、规章规定的其他情形。

当事人不承担行政机关组织听证的费用。

第六十四条 听证应当依照以下程序组织：

（一）当事人要求听证的，应当在行政机关告知后五日内提出；

（二）行政机关应当在举行听证的七日前，通知当事人及有关人员听证的时间、地点；

（三）除涉及国家秘密、商业秘密或者个人隐私依法予以保密外，听证公开举行；

（四）听证由行政机关指定的非本案调查人员主持；当事人认为主持人与本案有直接利害关系的，有权申请回避；

（五）当事人可以亲自参加听证，也可以委托一至二人代理；

（六）当事人及其代理人无正当理由拒不出席听证或者未经许可中途退出听证的，视为放弃听证权利，行政机关终止听证；

（七）举行听证时，调查人员提出当事人违法的事实、证据和行政处罚建议，当事人进行申辩和质证；

（八）听证应当制作笔录。笔录应当交当事人或者其代理人核对无误后签字或者盖章。当事人或者其代理人拒绝签字或者盖章的，由听证主持人在笔录中注明。

第六十五条 听证结束后，行政机关应当根据听证笔录，依照本法第五十七条的规定，作出决定。

第六章　行政处罚的执行

第六十六条 行政处罚决定依法作出后，当事人应当在行政处罚决定书载明的期限内，予以履行。

当事人确有经济困难，需要延期或者分期缴纳罚款的，经当事人申请和行政机关批准，可以暂缓或者分期缴纳。

第六十七条 作出罚款决定的行政机关应当与收缴罚款的机构分离。

除依照本法第六十八条、第六十九条的规定当场收缴的罚款外，作出行政处罚决定的行政机关及其执法人员不得自行收缴罚款。

当事人应当自收到行政处罚决定书之日起十五日内，到指定的银行或者通过电子支付系统缴纳罚款。银行应当收受罚款，并将罚款直接上缴国库。

第六十八条 依照本法第五十一条的规定当场作出行政处罚决定,有下列情形之一,执法人员可以当场收缴罚款:

(一)依法给予一百元以下罚款的;

(二)不当场收缴事后难以执行的。

第六十九条 在边远、水上、交通不便地区,行政机关及其执法人员依照本法第五十一条、第五十七条的规定作出罚款决定后,当事人到指定的银行或者通过电子支付系统缴纳罚款确有困难,经当事人提出,行政机关及其执法人员可以当场收缴罚款。

第七十条 行政机关及其执法人员当场收缴罚款的,必须向当事人出具国务院财政部门或者省、自治区、直辖市人民政府财政部门统一制发的专用票据;不出具财政部门统一制发的专用票据的,当事人有权拒绝缴纳罚款。

第七十一条 执法人员当场收缴的罚款,应当自收缴罚款之日起二日内,交至行政机关;在水上当场收缴的罚款,应当自抵岸之日起二日内交至行政机关;行政机关应当在二日内将罚款缴付指定的银行。

第七十二条 当事人逾期不履行行政处罚决定的,作出行政处罚决定的行政机关可以采取下列措施:

(一)到期不缴纳罚款的,每日按罚款数额的百分之三加处罚款,加处罚款的数额不得超出罚款的数额;

(二)根据法律规定,将查封、扣押的财物拍卖、依法处理或者将冻结的存款、汇款划拨抵缴罚款;

(三)根据法律规定,采取其他行政强制执行方式;

(四)依照《中华人民共和国行政强制法》的规定申请人民法院强制执行。

行政机关批准延期、分期缴纳罚款的,申请人民法院强制执行的期限,自暂缓或者分期缴纳罚款期限结束之日起计算。

第七十三条 当事人对行政处罚决定不服,申请行政复议或者提起行政诉讼的,行政处罚不停止执行,法律另有规定的除外。

当事人对限制人身自由的行政处罚决定不服,申请行政复议或者提起行政诉讼的，可以向作出决定的机关提出暂缓执行申请。符合法律规定情形的，应当暂缓执行。

当事人申请行政复议或者提起行政诉讼的，加处罚款的数额在行政复议或者行政诉讼期间不予计算。

第七十四条 除依法应当予以销毁的物品外，依法没收的非法财物必须按照国家规定公开拍卖或者按照国家有关规定处理。

罚款、没收的违法所得或者没收非法财物拍卖的款项，必须全部上缴国库，任何行政机关或者个人不得以任何形式截留、私分或者变相私分。

罚款、没收的违法所得或者没收非法财物拍卖的款项，不得同作出行政处罚决定的行政机关及其工作人员的考核、考评直接或者变相挂钩。除依法应当退还、退赔的外，财政部门不得以任何形式向作出行政处罚决定的行政机关返还罚款、没收的违法所得或者没收非法财物拍卖的款项。

第七十五条 行政机关应当建立健全对行政处罚的监督制度。县级以上人民政府应当定期组织开展行政执法评议、考核，加强对行政处罚的监督检查，规范和保障行政处罚的实施。

行政机关实施行政处罚应当接受社会监督。公民、法人或者其他组织对行政机关实施行政处罚的行为，有权申诉或者检举；行政机关应当认真审查，发现有错误的，应当主动改正。

第七章 法律责任

第七十六条 行政机关实施行政处罚，有下列情形之一，由上级行政机关或者有关机关责令改正，对直接负责的主管人员和其他直接责任人员依法给予处分：

（一）没有法定的行政处罚依据的；

（二）擅自改变行政处罚种类、幅度的；

（三）违反法定的行政处罚程序的；

（四）违反本法第二十条关于委托处罚的规定的；
（五）执法人员未取得执法证件的。

行政机关对符合立案标准的案件不及时立案的，依照前款规定予以处理。

第七十七条 行政机关对当事人进行处罚不使用罚款、没收财物单据或者使用非法定部门制发的罚款、没收财物单据的，当事人有权拒绝，并有权予以检举，由上级行政机关或者有关机关对使用的非法单据予以收缴销毁，对直接负责的主管人员和其他直接责任人员依法给予处分。

第七十八条 行政机关违反本法第六十七条的规定自行收缴罚款的，财政部门违反本法第七十四条的规定向行政机关返还罚款、没收的违法所得或者拍卖款项的，由上级行政机关或者有关机关责令改正，对直接负责的主管人员和其他直接责任人员依法给予处分。

第七十九条 行政机关截留、私分或者变相私分罚款、没收的违法所得或者财物的，由财政部门或者有关机关予以追缴，对直接负责的主管人员和其他直接责任人员依法给予处分；情节严重构成犯罪的，依法追究刑事责任。

执法人员利用职务上的便利，索取或者收受他人财物、将收缴罚款据为己有，构成犯罪的，依法追究刑事责任；情节轻微不构成犯罪的，依法给予处分。

第八十条 行政机关使用或者损毁查封、扣押的财物，对当事人造成损失的，应当依法予以赔偿，对直接负责的主管人员和其他直接责任人员依法给予处分。

第八十一条 行政机关违法实施检查措施或者执行措施，给公民人身或者财产造成损害、给法人或者其他组织造成损失的，应当依法予以赔偿，对直接负责的主管人员和其他直接责任人员依法给予处分；情节严重构成犯罪的，依法追究刑事责任。

第八十二条 行政机关对应当依法移交司法机关追究刑事责任的案件不移交，以行政处罚代替刑事处罚，由上级行政机关或者有关机关责令改正，对直接负责的主管人员和其他直接责任人员依法给予处分；情节严重构成犯罪的，依法追究刑事责任。

第八十三条 行政机关对应当予以制止和处罚的违法行为不予制止、处罚，致使公民、法人或者其他组织的合法权益、公共利益和社会秩序遭受损害的，对直接负责的主管人员和其他直接责任人员依法给予处分；情节严重构成犯罪的，依法追究刑事责任。

第八章 附 则

第八十四条 外国人、无国籍人、外国组织在中华人民共和国领域内有违法行为，应当给予行政处罚的，适用本法，法律另有规定的除外。

第八十五条 本法中"二日""三日""五日""七日"的规定是指工作日，不含法定节假日。

第八十六条 本法自2021年7月15日起施行。

中华人民共和国行政复议法

（1999年4月29日第九届全国人民代表大会常务委员会第九次会议通过 根据2009年8月27日第十一届全国人民代表大会常务委员会第十次会议《关于修改部分法律的决定》第一次修正 根据2017年9月1日第十二届全国人民代表大会常务委员会第二十九次会议《关于修改〈中华人民共和国法官法〉等八部法律的决定》第二次修正）

第一章 总 则

第一条 【立法目的】为了防止和纠正违法的或者不当的具体行政行为，保护公民、法人和其他组织的合法权益，保障和监督行政机关依法行使职权，根据宪法，制定本法。

第二条 【适用范围】公民、法人或者其他组织认为具体行政行为侵犯其合法权益,向行政机关提出行政复议申请,行政机关受理行政复议申请、作出行政复议决定,适用本法。

第三条 【复议机关及其职责】依照本法履行行政复议职责的行政机关是行政复议机关。行政复议机关负责法制工作的机构具体办理行政复议事项,履行下列职责:

(一)受理行政复议申请;

(二)向有关组织和人员调查取证,查阅文件和资料;

(三)审查申请行政复议的具体行政行为是否合法与适当,拟订行政复议决定;

(四)处理或者转送对本法第七条所列有关规定的审查申请;

(五)对行政机关违反本法规定的行为依照规定的权限和程序提出处理建议;

(六)办理因不服行政复议决定提起行政诉讼的应诉事项;

(七)法律、法规规定的其他职责。

行政机关中初次从事行政复议的人员,应当通过国家统一法律职业资格考试取得法律职业资格。

第四条 【复议原则】行政复议机关履行行政复议职责,应当遵循合法、公正、公开、及时、便民的原则,坚持有错必纠,保障法律、法规的正确实施。

第五条 【对复议不服的诉讼】公民、法人或者其他组织对行政复议决定不服的,可以依照行政诉讼法的规定向人民法院提起行政诉讼,但是法律规定行政复议决定为最终裁决的除外。

第二章 行政复议范围

第六条 【复议范围】有下列情形之一的,公民、法人或者其他组织可以依照本法申请行政复议:

(一)对行政机关作出的警告、罚款、没收违法所得、没收非法财物、责令停产停业、暂扣或者吊销许可证、暂扣或者吊销执照、行政拘留等行政处罚决定不服的；

（二）对行政机关作出的限制人身自由或者查封、扣押、冻结财产等行政强制措施决定不服的；

（三）对行政机关作出的有关许可证、执照、资质证、资格证等证书变更、中止、撤销的决定不服的；

（四）对行政机关作出的关于确认土地、矿藏、水流、森林、山岭、草原、荒地、滩涂、海域等自然资源的所有权或者使用权的决定不服的；

（五）认为行政机关侵犯合法的经营自主权的；

（六）认为行政机关变更或者废止农业承包合同，侵犯其合法权益的；

（七）认为行政机关违法集资、征收财物、摊派费用或者违法要求履行其他义务的；

（八）认为符合法定条件，申请行政机关颁发许可证、执照、资质证、资格证等证书，或者申请行政机关审批、登记有关事项，行政机关没有依法办理的；

（九）申请行政机关履行保护人身权利、财产权利、受教育权利的法定职责，行政机关没有依法履行的；

（十）申请行政机关依法发放抚恤金、社会保险金或者最低生活保障费，行政机关没有依法发放的；

（十一）认为行政机关的其他具体行政行为侵犯其合法权益的。

第七条 【规定的审查】公民、法人或者其他组织认为行政机关的具体行政行为所依据的下列规定不合法，在对具体行政行为申请行政复议时，可以一并向行政复议机关提出对该规定的审查申请：

（一）国务院部门的规定；

（二）县级以上地方各级人民政府及其工作部门的规定；

（三）乡、镇人民政府的规定。

前款所列规定不含国务院部、委员会规章和地方人民政府规章。规章的审查依照法律、行政法规办理。

第八条 【不能提起复议的事项】不服行政机关作出的行政处分

75

或者其他人事处理决定的，依照有关法律、行政法规的规定提出申诉。

不服行政机关对民事纠纷作出的调解或者其他处理，依法申请仲裁或者向人民法院提起诉讼。

第三章　行政复议申请

第九条　【申请复议的期限】公民、法人或者其他组织认为具体行政行为侵犯其合法权益的，可以自知道该具体行政行为之日起60日内提出行政复议申请；但是法律规定的申请期限超过60日的除外。

因不可抗力或者其他正当理由耽误法定申请期限的，申请期限自障碍消除之日起继续计算。

第十条　【复议申请人】依照本法申请行政复议的公民、法人或者其他组织是申请人。

有权申请行政复议的公民死亡的，其近亲属可以申请行政复议。有权申请行政复议的公民为无民事行为能力人或者限制民事行为能力人的，其法定代理人可以代为申请行政复议。有权申请行政复议的法人或者其他组织终止的，承受其权利的法人或者其他组织可以申请行政复议。

同申请行政复议的具体行政行为有利害关系的其他公民、法人或者其他组织，可以作为第三人参加行政复议。

公民、法人或者其他组织对行政机关的具体行政行为不服申请行政复议的，作出具体行政行为的行政机关是被申请人。

申请人、第三人可以委托代理人代为参加行政复议。

第十一条　【复议申请】申请人申请行政复议，可以书面申请，也可以口头申请；口头申请的，行政复议机关应当当场记录申请人的基本情况、行政复议请求、申请行政复议的主要事实、理由和时间。

第十二条　【部门具体行政行为的复议机关】对县级以上地方各级人民政府工作部门的具体行政行为不服的，由申请人选择，可以向该部门的本级人民政府申请行政复议，也可以向上一级主管部门申请行政复议。

对海关、金融、国税、外汇管理等实行垂直领导的行政机关和国家安全机关的具体行政行为不服的，向上一级主管部门申请行政复议。

第十三条 【对其他行政机关具体行政行为不服的复议申请】对地方各级人民政府的具体行政行为不服的，向上一级地方人民政府申请行政复议。

对省、自治区人民政府依法设立的派出机关所属的县级地方人民政府的具体行政行为不服的，向该派出机关申请行政复议。

第十四条 【对国务院部门或省、自治区、直辖市政府具体行政行为不服的复议】对国务院部门或者省、自治区、直辖市人民政府的具体行政行为不服的，向作出该具体行政行为的国务院部门或者省、自治区、直辖市人民政府申请行政复议。对行政复议决定不服的，可以向人民法院提起行政诉讼；也可以向国务院申请裁决，国务院依照本法的规定作出最终裁决。

第十五条 【其他机关具体行政行为的复议机关】对本法第十二条、第十三条、第十四条规定以外的其他行政机关、组织的具体行政行为不服的，按照下列规定申请行政复议：

（一）对县级以上地方人民政府依法设立的派出机关的具体行政行为不服的，向设立该派出机关的人民政府申请行政复议；

（二）对政府工作部门依法设立的派出机构依照法律、法规或者规章规定，以自己的名义作出的具体行政行为不服的，向设立该派出机构的部门或者该部门的本级地方人民政府申请行政复议；

（三）对法律、法规授权的组织的具体行政行为不服的，分别向直接管理该组织的地方人民政府、地方人民政府工作部门或者国务院部门申请行政复议；

（四）对两个或者两个以上行政机关以共同的名义作出的具体行政行为不服的，向其共同上一级行政机关申请行政复议；

（五）对被撤销的行政机关在撤销前所作出的具体行政行为不服的，向继续行使其职权的行政机关的上一级行政机关申请行政复议。

有前款所列情形之一的，申请人也可以向具体行政行为发生地的县级地方人民政府提出行政复议申请，由接受申请的县级地方人民政府依照本法第十八条的规定办理。

  第十六条 【复议与诉讼的选择】公民、法人或者其他组织申请行政复议，行政复议机关已经依法受理的，或者法律、法规规定应当先向行政复议机关申请行政复议、对行政复议决定不服再向人民法院提起行政诉讼的，在法定行政复议期限内不得向人民法院提起行政诉讼。

  公民、法人或者其他组织向人民法院提起行政诉讼，人民法院已经依法受理的，不得申请行政复议。

第四章 行政复议受理

  第十七条 【复议的受理】行政复议机关收到行政复议申请后，应当在 5 日内进行审查，对不符合本法规定的行政复议申请，决定不予受理，并书面告知申请人；对符合本法规定，但是不属于本机关受理的行政复议申请，应当告知申请人向有关行政复议机关提出。

  除前款规定外，行政复议申请自行政复议机关负责法制工作的机构收到之日起即为受理。

  第十八条 【复议申请的转送】依照本法第十五条第二款的规定接受行政复议申请的县级地方人民政府，对依照本法第十五条第一款的规定属于其他行政复议机关受理的行政复议申请，应当自接到该行政复议申请之日起 7 日内，转送有关行政复议机关，并告知申请人。接受转送的行政复议机关应当依照本法第十七条的规定办理。

  第十九条 【复议前置的规定】法律、法规规定应当先向行政复议机关申请行政复议、对行政复议决定不服再向人民法院提起行政诉讼的，行政复议机关决定不予受理或者受理后超过行政复议期限不作答复的，公民、法人或者其他组织可以自收到不予受理决定书之日起或者行政复议期满之日起 15 日内，依法向人民法院提起行政诉讼。

  第二十条 【上级机关责令受理及直接受理】公民、法人或者其他组织依法提出行政复议申请，行政复议机关无正当理由不予受理的，上级行政机关应当责令其受理；必要时，上级行政机关也可以直接受理。

第二十一条　【复议停止执行的情形】行政复议期间具体行政行为不停止执行；但是，有下列情形之一的，可以停止执行：

（一）被申请人认为需要停止执行的；

（二）行政复议机关认为需要停止执行的；

（三）申请人申请停止执行，行政复议机关认为其要求合理，决定停止执行的；

（四）法律规定停止执行的。

第五章　行政复议决定

第二十二条　【书面审查原则及例外】行政复议原则上采取书面审查的办法，但是申请人提出要求或者行政复议机关负责法制工作的机构认为有必要时，可以向有关组织和人员调查情况，听取申请人、被申请人和第三人的意见。

第二十三条　【复议程序事项】行政复议机关负责法制工作的机构应当自行政复议申请受理之日起7日内，将行政复议申请书副本或者行政复议申请笔录复印件发送被申请人。被申请人应当自收到申请书副本或者申请笔录复印件之日起10日内，提出书面答复，并提交当初作出具体行政行为的证据、依据和其他有关材料。

申请人、第三人可以查阅被申请人提出的书面答复、作出具体行政行为的证据、依据和其他有关材料，除涉及国家秘密、商业秘密或者个人隐私外，行政复议机关不得拒绝。

第二十四条　【被申请人不得自行取证】在行政复议过程中，被申请人不得自行向申请人和其他有关组织或者个人收集证据。

第二十五条　【申请的撤回】行政复议决定作出前，申请人要求撤回行政复议申请的，经说明理由，可以撤回；撤回行政复议申请的，行政复议终止。

第二十六条 【复诉机关对规定的处理】申请人在申请行政复议时，一并提出对本法第七条所列有关规定的审查申请的，行政复议机关对该规定有权处理的，应当在 30 日内依法处理；无权处理的，应当在 7 日内按照法定程序转送有权处理的行政机关依法处理，有权处理的行政机关应当在 60 日内依法处理。处理期间，中止对具体行政行为的审查。

第二十七条 【对具体行政行为依据的审查】行政复议机关在对被申请人作出的具体行政行为进行审查时，认为其依据不合法，本机关有权处理的，应当在 30 日内依法处理；无权处理的，应当在 7 日内按照法定程序转送有权处理的国家机关依法处理。处理期间，中止对具体行政行为的审查。

第二十八条 【复议决定的作出】行政复议机关负责法制工作的机构应当对被申请人作出的具体行政行为进行审查，提出意见，经行政复议机关的负责人同意或者集体讨论通过后，按照下列规定作出行政复议决定：

（一）具体行政行为认定事实清楚，证据确凿，适用依据正确，程序合法，内容适当的，决定维持；

（二）被申请人不履行法定职责的，决定其在一定期限内履行；

（三）具体行政行为有下列情形之一的，决定撤销、变更或者确认该具体行政行为违法；决定撤销或者确认该具体行政行为违法的，可以责令被申请人在一定期限内重新作出具体行政行为：

1. 主要事实不清、证据不足的；
2. 适用依据错误的；
3. 违反法定程序的；
4. 超越或者滥用职权的；
5. 具体行政行为明显不当的。

（四）被申请人不按照本法第二十三条的规定提出书面答复、提交当初作出具体行政行为的证据、依据和其他有关材料的，视为该具体行政行为没有证据、依据，决定撤销该具体行政行为。

行政复议机关责令被申请人重新作出具体行政行为的，被申请人不得以同一的事实和理由作出与原具体行政行为相同或者基本相同的具体行政行为。

第二十九条 【行政赔偿】申请人在申请行政复议时可以一并提出行政赔偿请求，行政复议机关对符合国家赔偿法的有关规定应当给予赔偿的，在决定撤销、变更具体行政行为或者确认具体行政行为违法时，应当同时决定被申请人依法给予赔偿。

申请人在申请行政复议时没有提出行政赔偿请求的，行政复议机关在依法决定撤销或者变更罚款，撤销违法集资、没收财物、征收财物、摊派费用以及对财产的查封、扣押、冻结等具体行政行为时，应当同时责令被申请人返还财产，解除对财产的查封、扣押、冻结措施，或者赔偿相应的价款。

第三十条 【对侵犯自然资源所有权或使用权行为的先行复议原则】公民、法人或者其他组织认为行政机关的具体行政行为侵犯其已经依法取得的土地、矿藏、水流、森林、山岭、草原、荒地、滩涂、海域等自然资源的所有权或者使用权的，应当先申请行政复议；对行政复议决定不服的，可以依法向人民法院提起行政诉讼。

根据国务院或者省、自治区、直辖市人民政府对行政区划的勘定、调整或者征收土地的决定，省、自治区、直辖市人民政府确认土地、矿藏、水流、森林、山岭、草原、荒地、滩涂、海域等自然资源的所有权或者使用权的行政复议决定为最终裁决。

第三十一条 【复议决定期限】行政复议机关应当自受理申请之日起60日内作出行政复议决定；但是法律规定的行政复议期限少于60日的除外。情况复杂，不能在规定期限内作出行政复议决定的，经行政复议机关的负责人批准，可以适当延长，并告知申请人和被申请人；但是延长期限最多不超过30日。

行政复议机关作出行政复议决定，应当制作行政复议决定书，并加盖印章。

行政复议决定书一经送达，即发生法律效力。

第三十二条 【复议决定的履行】被申请人应当履行行政复议

决定。

被申请人不履行或者无正当理由拖延履行行政复议决定的,行政复议机关或者有关上级行政机关应当责令其限期履行。

第三十三条 【不履行复议决定的处理】申请人逾期不起诉又不履行行政复议决定的,或者不履行最终裁决的行政复议决定的,按照下列规定分别处理:

(一)维持具体行政行为的行政复议决定,由作出具体行政行为的行政机关依法强制执行,或者申请人民法院强制执行;

(二)变更具体行政行为的行政复议决定,由行政复议机关依法强制执行,或者申请人民法院强制执行。

第六章 法律责任

第三十四条 【复议机关不依法履行职责的处罚】行政复议机关违反本法规定,无正当理由不予受理依法提出的行政复议申请或者不按照规定转送行政复议申请的,或者在法定期限内不作出行政复议决定的,对直接负责的主管人员和其他直接责任人员依法给予警告、记过、记大过的行政处分;经责令受理仍不受理或者不按照规定转送行政复议申请,造成严重后果的,依法给予降级、撤职、开除的行政处分。

第三十五条 【渎职处罚】行政复议机关工作人员在行政复议活动中,徇私舞弊或者有其他渎职、失职行为的,依法给予警告、记过、记大过的行政处分;情节严重的,依法给予降级、撤职、开除的行政处分;构成犯罪的,依法追究刑事责任。

第三十六条 【被申请人不提交答复、资料和阻碍他人复议申请的处罚】被申请人违反本法规定,不提出书面答复或者不提交作出具体行政行为的证据、依据和其他有关材料,或者阻挠、变相阻挠公民、法人或者其他组织依法申请行政复议的,对直接负责的主管人员和其他直接责任人员依法给予警告、记过、记大过的行政处分;进行报复陷害的,依法给予降级、撤职、开除的行政处分;构成犯罪的,依法追究刑事责任。

第三十七条 【不履行、迟延履行复议决定的处罚】被申请人不履行或者无正当理由拖延履行行政复议决定的,对直接负责的主管人员和其他直接责任人员依法给予警告、记过、记大过的行政处分;经责令履行仍拒不履行的,依法给予降级、撤职、开除的行政处分。

第三十八条 【复议机关的建议权】行政复议机关负责法制工作的机构发现有无正当理由不予受理行政复议申请、不按照规定期限作出行政复议决定、徇私舞弊、对申请人打击报复或者不履行行政复议决定等情形的,应当向有关行政机关提出建议,有关行政机关应当依照本法和有关法律、行政法规的规定作出处理。

第七章 附 则

第三十九条 【复议费用】行政复议机关受理行政复议申请,不得向申请人收取任何费用。行政复议活动所需经费,应当列入本机关的行政经费,由本级财政予以保障。

第四十条 【期间计算和文书送达】行政复议期间的计算和行政复议文书的送达,依照民事诉讼法关于期间、送达的规定执行。

本法关于行政复议期间有关"5日"、"7日"的规定是指工作日,不含节假日。

第四十一条 【适用范围补充规定】外国人、无国籍人、外国组织在中华人民共和国境内申请行政复议,适用本法。

第四十二条 【法律冲突的解决】本法施行前公布的法律有关行政复议的规定与本法的规定不一致的,以本法的规定为准。

第四十三条 【生效日期】本法自1999年10月1日起施行。1990年12月24日国务院发布、1994年10月9日国务院修订发布的《行政复议条例》同时废止。

中华人民共和国行政诉讼法

（1989年4月4日第七届全国人民代表大会第二次会议通过　根据2014年11月1日第十二届全国人民代表大会常务委员会第十一次会议《关于修改〈中华人民共和国行政诉讼法〉的决定》第一次修正　根据2017年6月27日第十二届全国人民代表大会常务委员会第二十八次会议《关于修改〈中华人民共和国民事诉讼法〉和〈中华人民共和国行政诉讼法〉的决定》第二次修正）

第一章　总　　则

第一条　【立法目的】为保证人民法院公正、及时审理行政案件，解决行政争议，保护公民、法人和其他组织的合法权益，监督行政机关依法行使职权，根据宪法，制定本法。

第二条　【诉权】公民、法人或者其他组织认为行政机关和行政机关工作人员的行政行为侵犯其合法权益，有权依照本法向人民法院提起诉讼。

前款所称行政行为，包括法律、法规、规章授权的组织作出的行政行为。

第三条　【行政机关负责人出庭应诉】人民法院应当保障公民、法人和其他组织的起诉权利，对应当受理的行政案件依法受理。

行政机关及其工作人员不得干预、阻碍人民法院受理行政案件。

被诉行政机关负责人应当出庭应诉。不能出庭的，应当委托行政机关相应的工作人员出庭。

第四条　【独立行使审判权】人民法院依法对行政案件独立行使审判权，不受行政机关、社会团体和个人的干涉。

人民法院设行政审判庭，审理行政案件。

第五条 【以事实为根据，以法律为准绳原则】人民法院审理行政案件，以事实为根据，以法律为准绳。

第六条 【合法性审查原则】人民法院审理行政案件，对行政行为是否合法进行审查。

第七条 【合议、回避、公开审判和两审终审原则】人民法院审理行政案件，依法实行合议、回避、公开审判和两审终审制度。

第八条 【法律地位平等原则】当事人在行政诉讼中的法律地位平等。

第九条 【本民族语言文字原则】各民族公民都有用本民族语言、文字进行行政诉讼的权利。

在少数民族聚居或者多民族共同居住的地区，人民法院应当用当地民族通用的语言、文字进行审理和发布法律文书。

人民法院应当对不通晓当地民族通用的语言、文字的诉讼参与人提供翻译。

第十条 【辩论原则】当事人在行政诉讼中有权进行辩论。

第十一条 【法律监督原则】人民检察院有权对行政诉讼实行法律监督。

第二章 受案范围

第十二条 【行政诉讼受案范围】人民法院受理公民、法人或者其他组织提起的下列诉讼：

（一）对行政拘留、暂扣或者吊销许可证和执照、责令停产停业、没收违法所得、没收非法财物、罚款、警告等行政处罚不服的；

（二）对限制人身自由或者对财产的查封、扣押、冻结等行政强制措施和行政强制执行不服的；

（三）申请行政许可，行政机关拒绝或者在法定期限内不予答复，或者对行政机关作出的有关行政许可的其他决定不服的；

（四）对行政机关作出的关于确认土地、矿藏、水流、森林、山岭、草原、荒地、滩涂、海域等自然资源的所有权或者使用权的决定不服的；

（五）对征收、征用决定及其补偿决定不服的；

（六）申请行政机关履行保护人身权、财产权等合法权益的法定职责，行政机关拒绝履行或者不予答复的；

（七）认为行政机关侵犯其经营自主权或者农村土地承包经营权、农村土地经营权的；

（八）认为行政机关滥用行政权力排除或者限制竞争的；

（九）认为行政机关违法集资、摊派费用或者违法要求履行其他义务的；

（十）认为行政机关没有依法支付抚恤金、最低生活保障待遇或者社会保险待遇的；

（十一）认为行政机关不依法履行、未按照约定履行或者违法变更、解除政府特许经营协议、土地房屋征收补偿协议等协议的；

（十二）认为行政机关侵犯其他人身权、财产权等合法权益的。

除前款规定外，人民法院受理法律、法规规定可以提起诉讼的其他行政案件。

第十三条 【受案范围的排除】人民法院不受理公民、法人或者其他组织对下列事项提起的诉讼：

（一）国防、外交等国家行为；

（二）行政法规、规章或者行政机关制定、发布的具有普遍约束力的决定、命令；

（三）行政机关对行政机关工作人员的奖惩、任免等决定；

（四）法律规定由行政机关最终裁决的行政行为。

第三章 管 辖

第十四条 【基层人民法院管辖第一审行政案件】基层人民法院管辖第一审行政案件。

第十五条　【中级人民法院管辖的第一审行政案件】中级人民法院管辖下列第一审行政案件：

（一）对国务院部门或者县级以上地方人民政府所作的行政行为提起诉讼的案件；

（二）海关处理的案件；

（三）本辖区内重大、复杂的案件；

（四）其他法律规定由中级人民法院管辖的案件。

第十六条　【高级人民法院管辖的第一审行政案件】高级人民法院管辖本辖区内重大、复杂的第一审行政案件。

第十七条　【最高人民法院管辖的第一审行政案件】最高人民法院管辖全国范围内重大、复杂的第一审行政案件。

第十八条　【一般地域管辖和法院跨行政区域管辖】行政案件由最初作出行政行为的行政机关所在地人民法院管辖。经复议的案件，也可以由复议机关所在地人民法院管辖。

经最高人民法院批准，高级人民法院可以根据审判工作的实际情况，确定若干人民法院跨行政区域管辖行政案件。

第十九条　【限制人身自由行政案件的管辖】对限制人身自由的行政强制措施不服提起的诉讼，由被告所在地或者原告所在地人民法院管辖。

第二十条　【不动产行政案件的管辖】因不动产提起的行政诉讼，由不动产所在地人民法院管辖。

第二十一条　【选择管辖】两个以上人民法院都有管辖权的案件，原告可以选择其中一个人民法院提起诉讼。原告向两个以上有管辖权的人民法院提起诉讼的，由最先立案的人民法院管辖。

第二十二条　【移送管辖】人民法院发现受理的案件不属于本院管辖的，应当移送有管辖权的人民法院，受移送的人民法院应当受理。受移送的人民法院认为受移送的案件按照规定不属于本院管辖的，应当报请上级人民法院指定管辖，不得再自行移送。

第二十三条　【指定管辖】有管辖权的人民法院由于特殊原因不能行使管辖权的，由上级人民法院指定管辖。

人民法院对管辖权发生争议，由争议双方协商解决。协商不成的，报它们的共同上级人民法院指定管辖。

第二十四条 【管辖权转移】上级人民法院有权审理下级人民法院管辖的第一审行政案件。

下级人民法院对其管辖的第一审行政案件，认为需要由上级人民法院审理或者指定管辖的，可以报请上级人民法院决定。

第四章 诉讼参加人

第二十五条 【原告资格】行政行为的相对人以及其他与行政行为有利害关系的公民、法人或者其他组织，有权提起诉讼。

有权提起诉讼的公民死亡，其近亲属可以提起诉讼。

有权提起诉讼的法人或者其他组织终止，承受其权利的法人或者其他组织可以提起诉讼。

人民检察院在履行职责中发现生态环境和资源保护、食品药品安全、国有财产保护、国有土地使用权出让等领域负有监督管理职责的行政机关违法行使职权或者不作为，致使国家利益或者社会公共利益受到侵害的，应当向行政机关提出检察建议，督促其依法履行职责。行政机关不依法履行职责的，人民检察院依法向人民法院提起诉讼。

第二十六条 【被告资格】公民、法人或者其他组织直接向人民法院提起诉讼的，作出行政行为的行政机关是被告。

经复议的案件，复议机关决定维持原行政行为的，作出原行政行为的行政机关和复议机关是共同被告；复议机关改变原行政行为的，复议机关是被告。

复议机关在法定期限内未作出复议决定，公民、法人或者其他组织起诉原行政行为的，作出原行政行为的行政机关是被告；起诉复议机关不作为的，复议机关是被告。

两个以上行政机关作出同一行政行为的，共同作出行政行为的行政机关是共同被告。

行政机关委托的组织所作的行政行为，委托的行政机关是被告。

行政机关被撤销或者职权变更的，继续行使其职权的行政机关是被告。

第二十七条　**【共同诉讼】**当事人一方或者双方为二人以上，因同一行政行为发生的行政案件，或者因同类行政行为发生的行政案件、人民法院认为可以合并审理并经当事人同意的，为共同诉讼。

第二十八条　**【代表人诉讼】**当事人一方人数众多的共同诉讼，可以由当事人推选代表人进行诉讼。代表人的诉讼行为对其所代表的当事人发生效力，但代表人变更、放弃诉讼请求或者承认对方当事人的诉讼请求，应当经被代表的当事人同意。

第二十九条　**【诉讼第三人】**公民、法人或者其他组织同被诉行政行为有利害关系但没有提起诉讼，或者同案件处理结果有利害关系的，可以作为第三人申请参加诉讼，或者由人民法院通知参加诉讼。

人民法院判决第三人承担义务或者减损第三人权益的，第三人有权依法提起上诉。

第三十条　**【法定代理人】**没有诉讼行为能力的公民，由其法定代理人代为诉讼。法定代理人互相推诿代理责任的，由人民法院指定其中一人代为诉讼。

第三十一条　**【委托代理人】**当事人、法定代理人，可以委托一至二人作为诉讼代理人。

下列人员可以被委托为诉讼代理人：

（一）律师、基层法律服务工作者；

（二）当事人的近亲属或者工作人员；

（三）当事人所在社区、单位以及有关社会团体推荐的公民。

第三十二条　**【当事人及诉讼代理人权利】**代理诉讼的律师，有权按照规定查阅、复制本案有关材料，有权向有关组织和公民调查、收集与本案有关的证据。对涉及国家秘密、商业秘密和个人隐私的材料，应当依照法律规定保密。

当事人和其他诉讼代理人有权按照规定查阅、复制本案庭审材料，但涉及国家秘密、商业秘密和个人隐私的内容除外。

第五章 证 据

第三十三条 【证据种类】证据包括：

（一）书证；

（二）物证；

（三）视听资料；

（四）电子数据；

（五）证人证言；

（六）当事人的陈述；

（七）鉴定意见；

（八）勘验笔录、现场笔录。

以上证据经法庭审查属实，才能作为认定案件事实的根据。

第三十四条 【被告举证责任】被告对作出的行政行为负有举证责任，应当提供作出该行政行为的证据和所依据的规范性文件。

被告不提供或者无正当理由逾期提供证据，视为没有相应证据。但是，被诉行政行为涉及第三人合法权益，第三人提供证据的除外。

第三十五条 【行政机关收集证据的限制】在诉讼过程中，被告及其诉讼代理人不得自行向原告、第三人和证人收集证据。

第三十六条 【被告延期提供证据和补充证据】被告在作出行政行为时已经收集了证据，但因不可抗力等正当事由不能提供的，经人民法院准许，可以延期提供。

原告或者第三人提出了其在行政处理程序中没有提出的理由或者证据的，经人民法院准许，被告可以补充证据。

第三十七条 【原告可以提供证据】原告可以提供证明行政行为违法的证据。原告提供的证据不成立的，不免除被告的举证责任。

第三十八条 【原告举证责任】在起诉被告不履行法定职责的案件中，原告应当提供其向被告提出申请的证据。但有下列情形之一的除外：

（一）被告应当依职权主动履行法定职责的；

（二）原告因正当理由不能提供证据的。

在行政赔偿、补偿的案件中，原告应当对行政行为造成的损害提供证据。因被告的原因导致原告无法举证的，由被告承担举证责任。

第三十九条　【法院要求当事人提供或者补充证据】人民法院有权要求当事人提供或者补充证据。

第四十条　【法院调取证据】人民法院有权向有关行政机关以及其他组织、公民调取证据。但是，不得为证明行政行为的合法性调取被告作出行政行为时未收集的证据。

第四十一条　【申请法院调取证据】与本案有关的下列证据，原告或者第三人不能自行收集的，可以申请人民法院调取：

（一）由国家机关保存而须由人民法院调取的证据；

（二）涉及国家秘密、商业秘密和个人隐私的证据；

（三）确因客观原因不能自行收集的其他证据。

第四十二条　【证据保全】在证据可能灭失或者以后难以取得的情况下，诉讼参加人可以向人民法院申请保全证据，人民法院也可以主动采取保全措施。

第四十三条　【证据适用规则】证据应当在法庭上出示，并由当事人互相质证。对涉及国家秘密、商业秘密和个人隐私的证据，不得在公开开庭时出示。

人民法院应当按照法定程序，全面、客观地审查核实证据。对未采纳的证据应当在裁判文书中说明理由。

以非法手段取得的证据，不得作为认定案件事实的根据。

第六章　起诉和受理

第四十四条　【行政复议与行政诉讼的关系】对属于人民法院受案范围的行政案件，公民、法人或者其他组织可以先向行政机关申请复议，对复议决定不服的，再向人民法院提起诉讼；也可以直

91

接向人民法院提起诉讼。

法律、法规规定应当先向行政机关申请复议，对复议决定不服再向人民法院提起诉讼的，依照法律、法规的规定。

第四十五条　【经行政复议的起诉期限】公民、法人或者其他组织不服复议决定的，可以在收到复议决定书之日起十五日内向人民法院提起诉讼。复议机关逾期不作决定的，申请人可以在复议期满之日起十五日内向人民法院提起诉讼。法律另有规定的除外。

第四十六条　【起诉期限】公民、法人或者其他组织直接向人民法院提起诉讼的，应当自知道或者应当知道作出行政行为之日起六个月内提出。法律另有规定的除外。

因不动产提起诉讼的案件自行政行为作出之日起超过二十年，其他案件自行政行为作出之日起超过五年提起诉讼的，人民法院不予受理。

第四十七条　【行政机关不履行法定职责的起诉期限】公民、法人或者其他组织申请行政机关履行保护其人身权、财产权等合法权益的法定职责，行政机关在接到申请之日起两个月内不履行的，公民、法人或者其他组织可以向人民法院提起诉讼。法律、法规对行政机关履行职责的期限另有规定的，从其规定。

公民、法人或者其他组织在紧急情况下请求行政机关履行保护其人身权、财产权等合法权益的法定职责，行政机关不履行的，提起诉讼不受前款规定期限的限制。

第四十八条　【起诉期限的扣除和延长】公民、法人或者其他组织因不可抗力或者其他不属于其自身的原因耽误起诉期限的，被耽误的时间不计算在起诉期限内。

公民、法人或者其他组织因前款规定以外的其他特殊情况耽误起诉期限的，在障碍消除后十日内，可以申请延长期限，是否准许由人民法院决定。

第四十九条　【起诉条件】提起诉讼应当符合下列条件：

（一）原告是符合本法第二十五条规定的公民、法人或者其他组织；

（二）有明确的被告；

（三）有具体的诉讼请求和事实根据；

（四）属于人民法院受案范围和受诉人民法院管辖。

第五十条 【起诉方式】起诉应当向人民法院递交起诉状，并按照被告人数提出副本。

书写起诉状确有困难的，可以口头起诉，由人民法院记入笔录，出具注明日期的书面凭证，并告知对方当事人。

第五十一条 【登记立案】人民法院在接到起诉状时对符合本法规定的起诉条件的，应当登记立案。

对当场不能判定是否符合本法规定的起诉条件的，应当接收起诉状，出具注明收到日期的书面凭证，并在七日内决定是否立案。不符合起诉条件的，作出不予立案的裁定。裁定书应当载明不予立案的理由。原告对裁定不服的，可以提起上诉。

起诉状内容欠缺或者有其他错误的，应当给予指导和释明，并一次性告知当事人需要补正的内容。不得未经指导和释明即以起诉不符合条件为由不接收起诉状。

对于不接收起诉状、接收起诉状后不出具书面凭证，以及不一次性告知当事人需要补正的起诉状内容的，当事人可以向上级人民法院投诉，上级人民法院应当责令改正，并对直接负责的主管人员和其他直接责任人员依法给予处分。

第五十二条 【法院不立案的救济】人民法院既不立案，又不作出不予立案裁定的，当事人可以向上一级人民法院起诉。上一级人民法院认为符合起诉条件的，应当立案、审理，也可以指定其他下级人民法院立案、审理。

第五十三条 【规范性文件的附带审查】公民、法人或者其他组织认为行政行为所依据的国务院部门和地方人民政府及其部门制定的规范性文件不合法，在对行政行为提起诉讼时，可以一并请求对该规范性文件进行审查。

前款规定的规范性文件不含规章。

第七章 审理和判决

第一节 一般规定

第五十四条 【公开审理原则】人民法院公开审理行政案件，但涉及国家秘密、个人隐私和法律另有规定的除外。

涉及商业秘密的案件，当事人申请不公开审理的，可以不公开审理。

第五十五条 【回避】当事人认为审判人员与本案有利害关系或者有其他关系可能影响公正审判，有权申请审判人员回避。

审判人员认为自己与本案有利害关系或者有其他关系，应当申请回避。

前两款规定，适用于书记员、翻译人员、鉴定人、勘验人。

院长担任审判长时的回避，由审判委员会决定；审判人员的回避，由院长决定；其他人员的回避，由审判长决定。当事人对决定不服的，可以申请复议一次。

第五十六条 【诉讼不停止执行】诉讼期间，不停止行政行为的执行。但有下列情形之一的，裁定停止执行：

（一）被告认为需要停止执行的；

（二）原告或者利害关系人申请停止执行，人民法院认为该行政行为的执行会造成难以弥补的损失，并且停止执行不损害国家利益、社会公共利益的；

（三）人民法院认为该行政行为的执行会给国家利益、社会公共利益造成重大损害的；

（四）法律、法规规定停止执行的。

当事人对停止执行或者不停止执行的裁定不服的，可以申请复议一次。

第五十七条 【先予执行】人民法院对起诉行政机关没有依法支付抚恤金、最低生活保障金和工伤、医疗社会保险金的案件，权利义务关系明确、不先予执行将严重影响原告生活的，可以根据原告的申请，裁定先予执行。

当事人对先予执行裁定不服的,可以申请复议一次。复议期间不停止裁定的执行。

第五十八条 【拒不到庭或中途退庭的法律后果】经人民法院传票传唤,原告无正当理由拒不到庭,或者未经法庭许可中途退庭的,可以按照撤诉处理;被告无正当理由拒不到庭,或者未经法庭许可中途退庭的,可以缺席判决。

第五十九条 【妨害行政诉讼强制措施】诉讼参与人或者其他人有下列行为之一的,人民法院可以根据情节轻重,予以训诫、责令具结悔过或者处一万元以下的罚款、十五日以下的拘留;构成犯罪的,依法追究刑事责任:

(一)有义务协助调查、执行的人,对人民法院的协助调查决定、协助执行通知书,无故推拖、拒绝或者妨碍调查、执行的;

(二)伪造、隐藏、毁灭证据或者提供虚假证明材料,妨碍人民法院审理案件的;

(三)指使、贿买、胁迫他人作伪证或者威胁、阻止证人作证的;

(四)隐藏、转移、变卖、毁损已被查封、扣押、冻结的财产的;

(五)以欺骗、胁迫等非法手段使原告撤诉的;

(六)以暴力、威胁或者其他方法阻碍人民法院工作人员执行职务,或者以哄闹、冲击法庭等方法扰乱人民法院工作秩序的;

(七)对人民法院审判人员或者其他工作人员、诉讼参与人、协助调查和执行的人员恐吓、侮辱、诽谤、诬陷、殴打、围攻或者打击报复的。

人民法院对有前款规定的行为之一的单位,可以对其主要负责人或者直接责任人员依照前款规定予以罚款、拘留;构成犯罪的,依法追究刑事责任。

罚款、拘留须经人民法院院长批准。当事人不服的,可以向上一级人民法院申请复议一次。复议期间不停止执行。

第六十条 【调解】人民法院审理行政案件,不适用调解。但是,行政赔偿、补偿以及行政机关行使法律、法规规定的自由裁量权的案件可以调解。

调解应当遵循自愿、合法原则，不得损害国家利益、社会公共利益和他人合法权益。

第六十一条 【民事争议和行政争议交叉】在涉及行政许可、登记、征收、征用和行政机关对民事争议所作的裁决的行政诉讼中，当事人申请一并解决相关民事争议的，人民法院可以一并审理。

在行政诉讼中，人民法院认为行政案件的审理需以民事诉讼的裁判为依据的，可以裁定中止行政诉讼。

第六十二条 【撤诉】人民法院对行政案件宣告判决或者裁定前，原告申请撤诉的，或者被告改变其所作的行政行为，原告同意并申请撤诉的，是否准许，由人民法院裁定。

第六十三条 【撤诉】人民法院审理行政案件，以法律和行政法规、地方性法规为依据。地方性法规适用于本行政区域内发生的行政案件。

人民法院审理民族自治地方的行政案件，并以该民族自治地方的自治条例和单行条例为依据。

人民法院审理行政案件，参照规章。

第六十四条 【规范性文件审查和处理】人民法院在审理行政案件中，经审查认为本法第五十三条规定的规范性文件不合法的，不作为认定行政行为合法的依据，并向制定机关提出处理建议。

第六十五条 【裁判文书公开】人民法院应当公开发生法律效力的判决书、裁定书，供公众查阅，但涉及国家秘密、商业秘密和个人隐私的内容除外。

第六十六条 【有关行政机关工作人员和被告的处理】人民法院在审理行政案件中，认为行政机关的主管人员、直接责任人员违法违纪的，应当将有关材料移送监察机关、该行政机关或者其上一级行政机关；认为有犯罪行为的，应当将有关材料移送公安、检察机关。

人民法院对被告经传票传唤无正当理由拒不到庭，或者未经法庭许可中途退庭的，可以将被告拒不到庭或者中途退庭的情况予以公告，并可以向监察机关或者被告的上一级行政机关提出依法给予其主要负责人或者直接责任人员处分的司法建议。

第二节 第一审普通程序

第六十七条 【发送起诉状和提出答辩状】人民法院应当在立案之日起五日内,将起诉状副本发送被告。被告应当在收到起诉状副本之日起十五日内向人民法院提交作出行政行为的证据和所依据的规范性文件,并提出答辩状。人民法院应当在收到答辩状之日起五日内,将答辩状副本发送原告。

被告不提出答辩状的,不影响人民法院审理。

第六十八条 【审判组织形式】人民法院审理行政案件,由审判员组成合议庭,或者由审判员、陪审员组成合议庭。合议庭的成员,应当是三人以上的单数。

第六十九条 【驳回原告诉讼请求判决】行政行为证据确凿,适用法律、法规正确,符合法定程序的,或者原告申请被告履行法定职责或者给付义务理由不成立的,人民法院判决驳回原告的诉讼请求。

第七十条 【撤销判决和重作判决】行政行为有下列情形之一的,人民法院判决撤销或者部分撤销,并可以判决被告重新作出行政行为:

(一)主要证据不足的;
(二)适用法律、法规错误的;
(三)违反法定程序的;
(四)超越职权的;
(五)滥用职权的;
(六)明显不当的。

第七十一条 【重作判决对被告的限制】人民法院判决被告重新作出行政行为的,被告不得以同一的事实和理由作出与原行政行为基本相同的行政行为。

第七十二条 【履行判决】人民法院经过审理,查明被告不履行法定职责的,判决被告在一定期限内履行。

第七十三条 【给付判决】人民法院经过审理,查明被告依法

97

负有给付义务的，判决被告履行给付义务。

第七十四条 【确认违法判决】行政行为有下列情形之一的，人民法院判决确认违法，但不撤销行政行为：

（一）行政行为依法应当撤销，但撤销会给国家利益、社会公共利益造成重大损害的；

（二）行政行为程序轻微违法，但对原告权利不产生实际影响的。

行政行为有下列情形之一，不需要撤销或者判决履行的，人民法院判决确认违法：

（一）行政行为违法，但不具有可撤销内容的；

（二）被告改变原违法行政行为，原告仍要求确认原行政行为违法的；

（三）被告不履行或者拖延履行法定职责，判决履行没有意义的。

第七十五条 【确认无效判决】行政行为有实施主体不具有行政主体资格或者没有依据等重大且明显违法情形，原告申请确认行政行为无效的，人民法院判决确认无效。

第七十六条 【确认违法和无效判决的补充规定】人民法院判决确认违法或者无效的，可以同时判决责令被告采取补救措施；给原告造成损失的，依法判决被告承担赔偿责任。

第七十七条 【变更判决】行政处罚明显不当，或者其他行政行为涉及对款额的确定、认定确有错误的，人民法院可以判决变更。

人民法院判决变更，不得加重原告的义务或者减损原告的权益。但利害关系人同为原告，且诉讼请求相反的除外。

第七十八条 【行政协议履行及补偿判决】被告不依法履行、未按照约定履行或者违法变更、解除本法第十二条第一款第十一项规定的协议的，人民法院判决被告承担继续履行、采取补救措施或者赔偿损失等责任。

被告变更、解除本法第十二条第一款第十一项规定的协议合法，但未依法给予补偿的，人民法院判决给予补偿。

第七十九条 【复议决定和原行政行为一并裁判】复议机关与作出原行政行为的行政机关为共同被告的案件，人民法院应当对复议决定和原行政行为一并作出裁判。

  第八十条 【公开宣判】人民法院对公开审理和不公开审理的案件，一律公开宣告判决。

  当庭宣判的，应当在十日内发送判决书；定期宣判的，宣判后立即发给判决书。

  宣告判决时，必须告知当事人上诉权利、上诉期限和上诉的人民法院。

  第八十一条 【第一审审限】人民法院应当在立案之日起六个月内作出第一审判决。有特殊情况需要延长的，由高级人民法院批准，高级人民法院审理第一审案件需要延长的，由最高人民法院批准。

第三节　简　易　程　序

  第八十二条 【简易程序适用情形】人民法院审理下列第一审行政案件，认为事实清楚、权利义务关系明确、争议不大的，可以适用简易程序：

  （一）被诉行政行为是依法当场作出的；

  （二）案件涉及款额二千元以下的；

  （三）属于政府信息公开案件的。

  除前款规定以外的第一审行政案件，当事人各方同意适用简易程序的，可以适用简易程序。

  发回重审、按照审判监督程序再审的案件不适用简易程序。

  第八十三条 【简易程序的审判组织形式和审限】适用简易程序审理的行政案件，由审判员一人独任审理，并应当在立案之日起四十五日内审结。

  第八十四条 【简易程序与普通程序的转换】人民法院在审理过程中，发现案件不宜适用简易程序的，裁定转为普通程序。

第四节　第二审程序

  第八十五条 【上诉】当事人不服人民法院第一审判决的，有权在判决书送达之日起十五日内向上一级人民法院提起上诉。当事人不服人民法院第一审裁定的，有权在裁定书送达之日起十日内向上一级人民法院提起上诉。逾期不提起上诉的，人民法院的第一审判决或者裁定发生法律效力。

第八十六条　【二审审理方式】人民法院对上诉案件，应当组成合议庭，开庭审理。经过阅卷、调查和询问当事人，对没有提出新的事实、证据或者理由，合议庭认为不需要开庭审理的，也可以不开庭审理。

第八十七条　【二审审查范围】人民法院审理上诉案件，应当对原审人民法院的判决、裁定和被诉行政行为进行全面审查。

第八十八条　【二审审限】人民法院审理上诉案件，应当在收到上诉状之日起三个月内作出终审判决。有特殊情况需要延长的，由高级人民法院批准，高级人民法院审理上诉案件需要延长的，由最高人民法院批准。

第八十九条　【二审裁判】人民法院审理上诉案件，按照下列情形，分别处理：

（一）原判决、裁定认定事实清楚，适用法律、法规正确的，判决或者裁定驳回上诉，维持原判决、裁定；

（二）原判决、裁定认定事实错误或者适用法律、法规错误的，依法改判、撤销或者变更；

（三）原判决认定基本事实不清、证据不足的，发回原审人民法院重审，或者查清事实后改判；

（四）原判决遗漏当事人或者违法缺席判决等严重违反法定程序的，裁定撤销原判决，发回原审人民法院重审。

原审人民法院对发回重审的案件作出判决后，当事人提起上诉的，第二审人民法院不得再次发回重审。

人民法院审理上诉案件，需要改变原审判决的，应当同时对被诉行政行为作出判决。

第五节　审判监督程序

第九十条　【当事人申请再审】当事人对已经发生法律效力的

判决、裁定，认为确有错误的，可以向上一级人民法院申请再审，但判决、裁定不停止执行。

第九十一条 【再审事由】当事人的申请符合下列情形之一的，人民法院应当再审：

（一）不予立案或者驳回起诉确有错误的；

（二）有新的证据，足以推翻原判决、裁定的；

（三）原判决、裁定认定事实的主要证据不足、未经质证或者系伪造的；

（四）原判决、裁定适用法律、法规确有错误的；

（五）违反法律规定的诉讼程序，可能影响公正审判的；

（六）原判决、裁定遗漏诉讼请求的；

（七）据以作出原判决、裁定的法律文书被撤销或者变更的；

（八）审判人员在审理该案件时有贪污受贿、徇私舞弊、枉法裁判行为的。

第九十二条 【人民法院依职权再审】各级人民法院院长对本院已经发生法律效力的判决、裁定，发现有本法第九十一条规定情形之一，或者发现调解违反自愿原则或者调解书内容违法，认为需要再审的，应当提交审判委员会讨论决定。

最高人民法院对地方各级人民法院已经发生法律效力的判决、裁定，上级人民法院对下级人民法院已经发生法律效力的判决、裁定，发现有本法第九十一条规定情形之一，或者发现调解违反自愿原则或者调解书内容违法的，有权提审或者指令下级人民法院再审。

第九十三条 【抗诉和检察建议】最高人民检察院对各级人民法院已经发生法律效力的判决、裁定，上级人民检察院对下级人民法院已经发生法律效力的判决、裁定，发现有本法第九十一条规定情形之一，或者发现调解书损害国家利益、社会公共利益的，应当提出抗诉。

地方各级人民检察院对同级人民法院已经发生法律效力的判决、裁定，发现有本法第九十一条规定情形之一，或者发现调解书损害国家利益、社会公共利益的，可以向同级人民法院提出检察建议，并报上级人民检察院备案；也可以提请上级人民检察院向同级人民法院提出抗诉。

各级人民检察院对审判监督程序以外的其他审判程序中审判人员的违法行为，有权向同级人民法院提出检察建议。

第八章 执　　行

第九十四条 【生效裁判和调解书的执行】当事人必须履行人民法院发生法律效力的判决、裁定、调解书。

第九十五条 【申请强制执行和执行管辖】公民、法人或者其他组织拒绝履行判决、裁定、调解书的，行政机关或者第三人可以向第一审人民法院申请强制执行，或者由行政机关依法强制执行。

第九十六条 【对行政机关拒绝履行的执行措施】行政机关拒绝履行判决、裁定、调解书的，第一审人民法院可以采取下列措施：

（一）对应当归还的罚款或者应当给付的款额，通知银行从该行政机关的账户内划拨；

（二）在规定期限内不履行的，从期满之日起，对该行政机关负责人按日处五十元至一百元的罚款；

（三）将行政机关拒绝履行的情况予以公告；

（四）向监察机关或者该行政机关的上一级行政机关提出司法建议。接受司法建议的机关，根据有关规定进行处理，并将处理情况告知人民法院；

（五）拒不履行判决、裁定、调解书，社会影响恶劣的，可以对该行政机关直接负责的主管人员和其他直接责任人员予以拘留；情节严重，构成犯罪的，依法追究刑事责任。

第九十七条 【非诉执行】公民、法人或者其他组织对行政行为在法定期限内不提起诉讼又不履行的，行政机关可以申请人民法院强制执行，或者依法强制执行。

第九章　涉外行政诉讼

第九十八条　【涉外行政诉讼的法律适用原则】外国人、无国籍人、外国组织在中华人民共和国进行行政诉讼，适用本法。法律另有规定的除外。

第九十九条　【同等与对等原则】外国人、无国籍人、外国组织在中华人民共和国进行行政诉讼，同中华人民共和国公民、组织有同等的诉讼权利和义务。

外国法院对中华人民共和国公民、组织的行政诉讼权利加以限制的，人民法院对该国公民、组织的行政诉讼权利，实行对等原则。

第一百条　【中国律师代理】外国人、无国籍人、外国组织在中华人民共和国进行行政诉讼，委托律师代理诉讼的，应当委托中华人民共和国律师机构的律师。

第十章　附　　则

第一百零一条　【适用民事诉讼法规定】人民法院审理行政案件，关于期间、送达、财产保全、开庭审理、调解、中止诉讼、终结诉讼、简易程序、执行等，以及人民检察院对行政案件受理、审理、裁判、执行的监督，本法没有规定的，适用《中华人民共和国民事诉讼法》的相关规定。

第一百零二条　【诉讼费用】人民法院审理行政案件，应当收取诉讼费用。诉讼费用由败诉方承担，双方都有责任的由双方分担。收取诉讼费用的具体办法另行规定。

第一百零三条　【施行日期】本法自1990年10月1日起施行。

中华人民共和国国家赔偿法

（1994年5月12日第八届全国人民代表大会常务委员会第七次会议通过　根据2010年4月29日第十一届全国人民代表大会常务委员会第十四次会议《关于修改〈中华人民共和国国家赔偿法〉的决定》第一次修正　根据2012年10月26日第十一届全国人民代表大会常务委员会第二十九次会议《关于修改〈中华人民共和国国家赔偿法〉的决定》第二次修正）

第一章　总　　则

第一条　【立法目的】为保障公民、法人和其他组织享有依法取得国家赔偿的权利，促进国家机关依法行使职权，根据宪法，制定本法。

第二条　【依法赔偿】国家机关和国家机关工作人员行使职权，有本法规定的侵犯公民、法人和其他组织合法权益的情形，造成损害的，受害人有依照本法取得国家赔偿的权利。

本法规定的赔偿义务机关，应当依照本法及时履行赔偿义务。

第二章　行政赔偿

第一节　赔偿范围

第三条　【侵犯人身权的行政赔偿范围】行政机关及其工作人员在行使行政职权时有下列侵犯人身权情形之一的，受害人有取得赔偿的权利：

（一）违法拘留或者违法采取限制公民人身自由的行政强制措施的；

（二）非法拘禁或者以其他方法非法剥夺公民人身自由的；

（三）以殴打、虐待等行为或者唆使、放纵他人以殴打、虐待等行为造成公民身体伤害或者死亡的；

（四）违法使用武器、警械造成公民身体伤害或者死亡的；

（五）造成公民身体伤害或者死亡的其他违法行为。

第四条　【侵犯财产权的行政赔偿范围】行政机关及其工作人员在行使行政职权时有下列侵犯财产权情形之一的，受害人有取得赔偿的权利：

（一）违法实施罚款、吊销许可证和执照、责令停产停业、没收财物等行政处罚的；

（二）违法对财产采取查封、扣押、冻结等行政强制措施的；

（三）违法征收、征用财产的；

（四）造成财产损害的其他违法行为。

第五条　【行政侵权中的免责情形】属于下列情形之一的，国家不承担赔偿责任：

（一）行政机关工作人员与行使职权无关的个人行为；

（二）因公民、法人和其他组织自己的行为致使损害发生的；

（三）法律规定的其他情形。

第二节　赔偿请求人和赔偿义务机关

第六条　【行政赔偿请求人】受害的公民、法人和其他组织有权要求赔偿。

受害的公民死亡，其继承人和其他有扶养关系的亲属有权要求赔偿。

受害的法人或者其他组织终止的，其权利承受人有权要求赔偿。

第七条　【行政赔偿义务机关】行政机关及其工作人员行使行政职权侵犯公民、法人和其他组织的合法权益造成损害的，该行政机关为赔偿义务机关。

两个以上行政机关共同行使行政职权时侵犯公民、法人和其他组织的合法权益造成损害的，共同行使行政职权的行政机关为共同赔偿义务机关。

法律、法规授权的组织在行使授予的行政权力时侵犯公民、法人和其他组织的合法权益造成损害的，被授权的组织为赔偿义务机关。

受行政机关委托的组织或者个人在行使受委托的行政权力时侵犯公民、法人和其他组织的合法权益造成损害的，委托的行政机关为赔偿义务机关。

赔偿义务机关被撤销的，继续行使其职权的行政机关为赔偿义务机关；没有继续行使其职权的行政机关的，撤销该赔偿义务机关的行政机关为赔偿义务机关。

第八条 【经过行政复议的赔偿义务机关】经复议机关复议的，最初造成侵权行为的行政机关为赔偿义务机关，但复议机关的复议决定加重损害的，复议机关对加重的部分履行赔偿义务。

第三节 赔 偿 程 序

第九条 【赔偿请求人要求行政赔偿的途径】赔偿义务机关有本法第三条、第四条规定情形之一的，应当给予赔偿。

赔偿请求人要求赔偿，应当先向赔偿义务机关提出，也可以在申请行政复议或者提起行政诉讼时一并提出。

第十条 【行政赔偿的共同赔偿义务机关】赔偿请求人可以向共同赔偿义务机关中的任何一个赔偿义务机关要求赔偿，该赔偿义务机关应当先予赔偿。

第十一条 【根据损害提出数项赔偿要求】赔偿请求人根据受到的不同损害，可以同时提出数项赔偿要求。

第十二条 【赔偿请求人递交赔偿申请书】要求赔偿应当递交申请书，申请书应当载明下列事项：

（一）受害人的姓名、性别、年龄、工作单位和住所，法人或者其他组织的名称、住所和法定代表人或者主要负责人的姓名、职务；

（二）具体的要求、事实根据和理由；

（三）申请的年、月、日。

赔偿请求人书写申请书确有困难的，可以委托他人代书；也可以口头申请，由赔偿义务机关记入笔录。

赔偿请求人不是受害人本人的，应当说明与受害人的关系，并提供相应证明。

赔偿请求人当面递交申请书的，赔偿义务机关应当当场出具加盖本行政机关专用印章并注明收讫日期的书面凭证。申请材料不齐全的，赔偿义务机关应当当场或者在五日内一次性告知赔偿请求人需要补正的全部内容。

第十三条 【行政赔偿义务机关作出赔偿决定】赔偿义务机关应当自收到申请之日起两个月内，作出是否赔偿的决定。赔偿义务机关作出赔偿决定，应当充分听取赔偿请求人的意见，并可以与赔偿请求人就赔偿方式、赔偿项目和赔偿数额依照本法第四章的规定进行协商。

赔偿义务机关决定赔偿的，应当制作赔偿决定书，并自作出决定之日起十日内送达赔偿请求人。

赔偿义务机关决定不予赔偿的，应当自作出决定之日起十日内书面通知赔偿请求人，并说明不予赔偿的理由。

第十四条 【赔偿请求人向法院提起诉讼】赔偿义务机关在规定期限内未作出是否赔偿的决定，赔偿请求人可以自期限届满之日起三个月内，向人民法院提起诉讼。

赔偿请求人对赔偿的方式、项目、数额有异议的，或者赔偿义务机关作出不予赔偿决定的，赔偿请求人可以自赔偿义务机关作出赔偿或者不予赔偿决定之日起三个月内，向人民法院提起诉讼。

第十五条 【举证责任】人民法院审理行政赔偿案件，赔偿请求人和赔偿义务机关对自己提出的主张，应当提供证据。

赔偿义务机关采取行政拘留或者限制人身自由的强制措施期间，被限制人身自由的人死亡或者丧失行为能力的，赔偿义务机关的行为与被限制人身自由的人的死亡或者丧失行为能力是否存在因果关系，赔偿义务机关应当提供证据。

第十六条 【行政追偿】赔偿义务机关赔偿损失后,应当责令有故意或者重大过失的工作人员或者受委托的组织或者个人承担部分或者全部赔偿费用。

对有故意或者重大过失的责任人员,有关机关应当依法给予处分;构成犯罪的,应当依法追究刑事责任。

第三章 刑事赔偿

第一节 赔偿范围

第十七条 【侵犯人身权的刑事赔偿范围】行使侦查、检察、审判职权的机关以及看守所、监狱管理机关及其工作人员在行使职权时有下列侵犯人身权情形之一的,受害人有取得赔偿的权利:

(一)违反刑事诉讼法的规定对公民采取拘留措施的,或者依照刑事诉讼法规定的条件和程序对公民采取拘留措施,但是拘留时间超过刑事诉讼法规定的时限,其后决定撤销案件、不起诉或者判决宣告无罪终止追究刑事责任的;

(二)对公民采取逮捕措施后,决定撤销案件、不起诉或者判决宣告无罪终止追究刑事责任的;

(三)依照审判监督程序再审改判无罪,原判刑罚已经执行的;

(四)刑讯逼供或者以殴打、虐待等行为或者唆使、放纵他人以殴打、虐待等行为造成公民身体伤害或者死亡的;

(五)违法使用武器、警械造成公民身体伤害或者死亡的。

第十八条 【侵犯财产权的刑事赔偿范围】行使侦查、检察、审判职权的机关以及看守所、监狱管理机关及其工作人员在行使职权时有下列侵犯财产权情形之一的,受害人有取得赔偿的权利:

(一)违法对财产采取查封、扣押、冻结、追缴等措施的;

(二)依照审判监督程序再审改判无罪,原判罚金、没收财产已经执行的。

第十九条 【刑事赔偿免责情形】属于下列情形之一的,国家不承担赔偿责任：

（一）因公民自己故意作虚伪供述，或者伪造其他有罪证据被羁押或者被判处刑罚的；

（二）依照刑法第十七条、第十八条规定不负刑事责任的人被羁押的；

（三）依照刑事诉讼法第十五条、第一百七十三条第二款、第二百七十三条第二款、第二百七十九条规定不追究刑事责任的人被羁押的；

（四）行使侦查、检察、审判职权的机关以及看守所、监狱管理机关的工作人员与行使职权无关的个人行为；

（五）因公民自伤、自残等故意行为致使损害发生的；

（六）法律规定的其他情形。

第二节　赔偿请求人和赔偿义务机关

第二十条　【刑事赔偿请求人】赔偿请求人的确定依照本法第六条的规定。

第二十一条　【刑事赔偿义务机关】行使侦查、检察、审判职权的机关以及看守所、监狱管理机关及其工作人员在行使职权时侵犯公民、法人和其他组织的合法权益造成损害的，该机关为赔偿义务机关。

对公民采取拘留措施，依照本法的规定应当给予国家赔偿的，作出拘留决定的机关为赔偿义务机关。

对公民采取逮捕措施后决定撤销案件、不起诉或者判决宣告无罪的，作出逮捕决定的机关为赔偿义务机关。

再审改判无罪的，作出原生效判决的人民法院为赔偿义务机关。二审改判无罪，以及二审发回重审后作无罪处理的，作出一审有罪判决的人民法院为赔偿义务机关。

第三节　赔　偿　程　序

第二十二条　【刑事赔偿的提出和赔偿义务机关先行处理】赔

偿义务机关有本法第十七条、第十八条规定情形之一的,应当给予赔偿。

赔偿请求人要求赔偿,应当先向赔偿义务机关提出。

赔偿请求人提出赔偿请求,适用本法第十一条、第十二条的规定。

第二十三条 【刑事赔偿义务机关赔偿决定的作出】赔偿义务机关应当自收到申请之日起两个月内,作出是否赔偿的决定。赔偿义务机关作出赔偿决定,应当充分听取赔偿请求人的意见,并可以与赔偿请求人就赔偿方式、赔偿项目和赔偿数额依照本法第四章的规定进行协商。

赔偿义务机关决定赔偿的,应当制作赔偿决定书,并自作出决定之日起十日内送达赔偿请求人。

赔偿义务机关决定不予赔偿的,应当自作出决定之日起十日内书面通知赔偿请求人,并说明不予赔偿的理由。

第二十四条 【刑事赔偿复议申请的提出】赔偿义务机关在规定期限内未作出是否赔偿的决定,赔偿请求人可以自期限届满之日起三十日内向赔偿义务机关的上一级机关申请复议。

赔偿请求人对赔偿的方式、项目、数额有异议的,或者赔偿义务机关作出不予赔偿决定的,赔偿请求人可以自赔偿义务机关作出赔偿或者不予赔偿决定之日起三十日内,向赔偿义务机关的上一级机关申请复议。

赔偿义务机关是人民法院的,赔偿请求人可以依照本条规定向其上一级人民法院赔偿委员会申请作出赔偿决定。

第二十五条 【刑事赔偿复议的处理和对复议决定的救济】复议机关应当自收到申请之日起两个月内作出决定。

赔偿请求人不服复议决定的,可以在收到复议决定之日起三十日内向复议机关所在地的同级人民法院赔偿委员会申请作出赔偿决定;复议机关逾期不作决定的,赔偿请求人可以自期限届满之日起三十日内向复议机关所在地的同级人民法院赔偿委员会申请作出赔偿决定。

第二十六条 　【举证责任分配】人民法院赔偿委员会处理赔偿请求，赔偿请求人和赔偿义务机关对自己提出的主张，应当提供证据。

被羁押人在羁押期间死亡或者丧失行为能力的，赔偿义务机关的行为与被羁押人的死亡或者丧失行为能力是否存在因果关系，赔偿义务机关应当提供证据。

第二十七条 　【赔偿委员会办理案件程序】人民法院赔偿委员会处理赔偿请求，采取书面审查的办法。必要时，可以向有关单位和人员调查情况、收集证据。赔偿请求人与赔偿义务机关对损害事实及因果关系有争议的，赔偿委员会可以听取赔偿请求人和赔偿义务机关的陈述和申辩，并可以进行质证。

第二十八条 　【赔偿委员会办理案件期限】人民法院赔偿委员会应当自收到赔偿申请之日起三个月内作出决定；属于疑难、复杂、重大案件的，经本院院长批准，可以延长三个月。

第二十九条 　【赔偿委员会的组成】中级以上的人民法院设立赔偿委员会，由人民法院三名以上审判员组成，组成人员的人数应当为单数。

赔偿委员会作赔偿决定，实行少数服从多数的原则。

赔偿委员会作出的赔偿决定，是发生法律效力的决定，必须执行。

第三十条 　【赔偿委员会重新审查程序】赔偿请求人或者赔偿义务机关对赔偿委员会作出的决定，认为确有错误的，可以向上一级人民法院赔偿委员会提出申诉。

赔偿委员会作出的赔偿决定生效后，如发现赔偿决定违反本法规定的，经本院院长决定或者上级人民法院指令，赔偿委员会应当在两个月内重新审查并依法作出决定，上一级人民法院赔偿委员会也可以直接审查并作出决定。

最高人民检察院对各级人民法院赔偿委员会作出的决定，上级人民检察院对下级人民法院赔偿委员会作出的决定，发现违反本法规定的，应当向同级人民法院赔偿委员会提出意见，同级人民法院赔偿委员会应当在两个月内重新审查并依法作出决定。

第三十一条 【刑事赔偿的追偿】赔偿义务机关赔偿后，应当向有下列情形之一的工作人员追偿部分或者全部赔偿费用：

（一）有本法第十七条第四项、第五项规定情形的；

（二）在处理案件中有贪污受贿，徇私舞弊，枉法裁判行为的。

对有前款规定情形的责任人员，有关机关应当依法给予处分；构成犯罪的，应当依法追究刑事责任。

第四章 赔偿方式和计算标准

第三十二条 【赔偿方式】国家赔偿以支付赔偿金为主要方式。能够返还财产或者恢复原状的，予以返还财产或者恢复原状。

第三十三条 【人身自由的国家赔偿标准】侵犯公民人身自由的，每日赔偿金按照国家上年度职工日平均工资计算。

第三十四条 【生命健康权的国家赔偿标准】侵犯公民生命健康权的，赔偿金按照下列规定计算：

（一）造成身体伤害的，应当支付医疗费、护理费，以及赔偿因误工减少的收入。减少的收入每日的赔偿金按照国家上年度职工日平均工资计算，最高额为国家上年度职工年平均工资的五倍；

（二）造成部分或者全部丧失劳动能力的，应当支付医疗费、护理费、残疾生活辅助具费、康复费等因残疾而增加的必要支出和继续治疗所必需的费用，以及残疾赔偿金。残疾赔偿金根据丧失劳动能力的程度，按照国家规定的伤残等级确定，最高不超过国家上年度职工年平均工资的二十倍。造成全部丧失劳动能力的，对其扶养的无劳动能力的人，还应当支付生活费；

（三）造成死亡的，应当支付死亡赔偿金、丧葬费，总额为国家上年度职工年平均工资的二十倍。对死者生前扶养的无劳动能力的人，还应当支付生活费。

前款第二项、第三项规定的生活费的发放标准，参照当地最低生活保障标准执行。被扶养的人是未成年人的，生活费给付至十八周岁止；其他无劳动能力的人，生活费给付至死亡时止。

第三十五条　【精神损害的国家赔偿标准】有本法第三条或者第十七条规定情形之一，致人精神损害的，应当在侵权行为影响的范围内，为受害人消除影响，恢复名誉，赔礼道歉；造成严重后果的，应当支付相应的精神损害抚慰金。

第三十六条　【财产权的国家赔偿标准】侵犯公民、法人和其他组织的财产权造成损害的，按照下列规定处理：

（一）处罚款、罚金、追缴、没收财产或者违法征收、征用财产的，返还财产；

（二）查封、扣押、冻结财产的，解除对财产的查封、扣押、冻结，造成财产损坏或者灭失的，依照本条第三项、第四项的规定赔偿；

（三）应当返还的财产损坏的，能够恢复原状的恢复原状，不能恢复原状的，按照损害程度给付相应的赔偿金；

（四）应当返还的财产灭失的，给付相应的赔偿金；

（五）财产已经拍卖或者变卖的，给付拍卖或者变卖所得的价款；变卖的价款明显低于财产价值的，应当支付相应的赔偿金；

（六）吊销许可证和执照、责令停产停业的，赔偿停产停业期间必要的经常性费用开支；

（七）返还执行的罚款或者罚金、追缴或者没收的金钱，解除冻结的存款或者汇款的，应当支付银行同期存款利息；

（八）对财产权造成其他损害的，按照直接损失给予赔偿。

第三十七条　【国家赔偿费用】赔偿费用列入各级财政预算。

赔偿请求人凭生效的判决书、复议决定书、赔偿决定书或者调解书，向赔偿义务机关申请支付赔偿金。

赔偿义务机关应当自收到支付赔偿金申请之日起七日内，依照预算管理权限向有关的财政部门提出支付申请。财政部门应当自收到支付申请之日起十五日内支付赔偿金。

赔偿费用预算与支付管理的具体办法由国务院规定。

第五章　其他规定

第三十八条　【民事、行政诉讼中的司法赔偿】人民法院在民事诉讼、行政诉讼过程中，违法采取对妨害诉讼的强制措施、保全措施或者对判决、裁定及其他生效法律文书执行错误，造成损害的，赔偿请求人要求赔偿的程序，适用本法刑事赔偿程序的规定。

第三十九条　【国家赔偿请求时效】赔偿请求人请求国家赔偿的时效为两年，自其知道或者应当知道国家机关及其工作人员行使职权时的行为侵犯其人身权、财产权之日起计算，但被羁押等限制人身自由期间不计算在内。在申请行政复议或者提起行政诉讼时一并提出赔偿请求的，适用行政复议法、行政诉讼法有关时效的规定。

赔偿请求人在赔偿请求时效的最后六个月内，因不可抗力或者其他障碍不能行使请求权的，时效中止。从中止时效的原因消除之日起，赔偿请求时效期间继续计算。

第四十条　【对等原则】外国人、外国企业和组织在中华人民共和国领域内要求中华人民共和国国家赔偿的，适用本法。

外国人、外国企业和组织的所属国对中华人民共和国公民、法人和其他组织要求该国国家赔偿的权利不予保护或者限制的，中华人民共和国与该外国人、外国企业和组织的所属国实行对等原则。

第六章　附　　则

第四十一条　【不得收费和征税】赔偿请求人要求国家赔偿的，赔偿义务机关、复议机关和人民法院不得向赔偿请求人收取任何费用。

对赔偿请求人取得的赔偿金不予征税。

第四十二条　【施行时间】本法自 1995 年 1 月 1 日起施行。

中华人民共和国突发事件应对法

(2007年8月30日第十届全国人民代表大会常务委员会第二十九次会议通过 2007年8月30日中华人民共和国主席令第69号公布 自2007年11月1日起施行)

第一章 总 则

第一条 【立法目的】为了预防和减少突发事件的发生，控制、减轻和消除突发事件引起的严重社会危害，规范突发事件应对活动，保护人民生命财产安全，维护国家安全、公共安全、环境安全和社会秩序，制定本法。

第二条 【适用范围】突发事件的预防与应急准备、监测与预警、应急处置与救援、事后恢复与重建等应对活动，适用本法。

第三条 【突发事件含义及分级标准】本法所称突发事件，是指突然发生，造成或者可能造成严重社会危害，需要采取应急处置措施予以应对的自然灾害、事故灾难、公共卫生事件和社会安全事件。

按照社会危害程度、影响范围等因素，自然灾害、事故灾难、公共卫生事件分为特别重大、重大、较大和一般四级。法律、行政法规或者国务院另有规定的，从其规定。

突发事件的分级标准由国务院或者国务院确定的部门制定。

第四条 【应急管理体制】国家建立统一领导、综合协调、分类管理、分级负责、属地管理为主的应急管理体制。

第五条 【风险评估】突发事件应对工作实行预防为主、预防与应急相结合的原则。国家建立重大突发事件风险评估体系，对可能发生的突发事件进行综合性评估，减少重大突发事件的发生，最大限度地减轻重大突发事件的影响。

第六条　【社会动员机制】国家建立有效的社会动员机制,增强全民的公共安全和防范风险的意识,提高全社会的避险救助能力。

第七条　【负责机关】县级人民政府对本行政区域内突发事件的应对工作负责;涉及两个以上行政区域的,由有关行政区域共同的上一级人民政府负责,或者由各有关行政区域的上一级人民政府共同负责。

突发事件发生后,发生地县级人民政府应当立即采取措施控制事态发展,组织开展应急救援和处置工作,并立即向上一级人民政府报告,必要时可以越级上报。

突发事件发生地县级人民政府不能消除或者不能有效控制突发事件引起的严重社会危害的,应当及时向上级人民政府报告。上级人民政府应当及时采取措施,统一领导应急处置工作。

法律、行政法规规定由国务院有关部门对突发事件的应对工作负责的,从其规定;地方人民政府应当积极配合并提供必要的支持。

第八条　【应急管理机构】国务院在总理领导下研究、决定和部署特别重大突发事件的应对工作;根据实际需要,设立国家突发事件应急指挥机构,负责突发事件应对工作;必要时,国务院可以派出工作组指导有关工作。

县级以上地方各级人民政府设立由本级人民政府主要负责人、相关部门负责人、驻当地中国人民解放军和中国人民武装警察部队有关负责人组成的突发事件应急指挥机构,统一领导、协调本级人民政府各有关部门和下级人民政府开展突发事件应对工作;根据实际需要,设立相关类别突发事件应急指挥机构,组织、协调、指挥突发事件应对工作。

上级人民政府主管部门应当在各自职责范围内,指导、协助下级人民政府及其相应部门做好有关突发事件的应对工作。

第九条　【行政领导机关】国务院和县级以上地方各级人民政府是突发事件应对工作的行政领导机关,其办事机构及具体职责由国务院规定。

第十条　【及时公布决定、命令】有关人民政府及其部门作出的应对突发事件的决定、命令，应当及时公布。

第十一条 【合理措施原则】有关人民政府及其部门采取的应对突发事件的措施，应当与突发事件可能造成的社会危害的性质、程度和范围相适应；有多种措施可供选择的，应当选择有利于最大程度地保护公民、法人和其他组织权益的措施。

公民、法人和其他组织有义务参与突发事件应对工作。

第十二条 【财产征用】有关人民政府及其部门为应对突发事件，可以征用单位和个人的财产。被征用的财产在使用完毕或者突发事件应急处置工作结束后，应当及时返还。财产被征用或者征用后毁损、灭失的，应当给予补偿。

第十三条 【时效中止、程序中止】因采取突发事件应对措施，诉讼、行政复议、仲裁活动不能正常进行的，适用有关时效中止和程序中止的规定，但法律另有规定的除外。

第十四条 【武装力量参与应急】中国人民解放军、中国人民武装警察部队和民兵组织依照本法和其他有关法律、行政法规、军事法规的规定以及国务院、中央军事委员会的命令，参加突发事件的应急救援和处置工作。

第十五条 【国际交流与合作】中华人民共和国政府在突发事件的预防、监测与预警、应急处置与救援、事后恢复与重建等方面，同外国政府和有关国际组织开展合作与交流。

第十六条 【同级人大监督】县级以上人民政府作出应对突发事件的决定、命令，应当报本级人民代表大会常务委员会备案；突发事件应急处置工作结束后，应当向本级人民代表大会常务委员会作出专项工作报告。

第二章 预防与应急准备

第十七条 【应急预案体系】国家建立健全突发事件应急预案体系。

国务院制定国家突发事件总体应急预案，组织制定国家突发事件专项应急预案；国务院有关部门根据各自的职责和国务院相关应急预案，制定国家突发事件部门应急预案。

地方各级人民政府和县级以上地方各级人民政府有关部门根据有关法律、法规、规章、上级人民政府及其有关部门的应急预案以及本地区的实际情况，制定相应的突发事件应急预案。

应急预案制定机关应当根据实际需要和情势变化，适时修订应急预案。应急预案的制定、修订程序由国务院规定。

第十八条 【应急预案制定依据与内容】应急预案应当根据本法和其他有关法律、法规的规定，针对突发事件的性质、特点和可能造成的社会危害，具体规定突发事件应急管理工作的组织指挥体系与职责和突发事件的预防与预警机制、处置程序、应急保障措施以及事后恢复与重建措施等内容。

第十九条 【城乡规划】城乡规划应当符合预防、处置突发事件的需要，统筹安排应对突发事件所必需的设备和基础设施建设，合理确定应急避难场所。

第二十条 【安全防范】县级人民政府应当对本行政区域内容易引发自然灾害、事故灾难和公共卫生事件的危险源、危险区域进行调查、登记、风险评估，定期进行检查、监控，并责令有关单位采取安全防范措施。

省级和设区的市级人民政府应当对本行政区域内容易引发特别重大、重大突发事件的危险源、危险区域进行调查、登记、风险评估，组织进行检查、监控，并责令有关单位采取安全防范措施。

县级以上地方各级人民政府按照本法规定登记的危险源、危险区域，应当按照国家规定及时向社会公布。

第二十一条 【及时调解处理矛盾纠纷】县级人民政府及其有关部门、乡级人民政府、街道办事处、居民委员会、村民委员会应当及时调解处理可能引发社会安全事件的矛盾纠纷。

第二十二条 【安全管理】所有单位应当建立健全安全管理制度，定期检查本单位各项安全防范措施的落实情况，及时消除事故隐患；掌握并及时处理本单位存在的可能引发社会安全事件的问题，防止矛盾激化和事态扩大；对本单位可能发生的突发事件和采取安全防范措施的情况，应当按照规定及时向所在地人民政府或者人民政府有关部门报告。

第二十三条 【矿山、建筑施工单位和危险物品生产、经营、储运、使用单位的预防义务】矿山、建筑施工单位和易燃易爆物品、危险化学品、放射性物品等危险物品的生产、经营、储运、使用单位，应当制定具体应急预案，并对生产经营场所、有危险物品的建筑物、构筑物及周边环境开展隐患排查，及时采取措施消除隐患，防止发生突发事件。

第二十四条 【人员密集场所的经营单位或者管理单位的预防义务】公共交通工具、公共场所和其他人员密集场所的经营单位或者管理单位应当制定具体应急预案，为交通工具和有关场所配备报警装置和必要的应急救援设备、设施，注明其使用方法，并显著标明安全撤离的通道、路线，保证安全通道、出口的畅通。

有关单位应当定期检测、维护其报警装置和应急救援设备、设施，使其处于良好状态，确保正常使用。

第二十五条 【应急管理培训制度】县级以上人民政府应当建立健全突发事件应急管理培训制度，对人民政府及其有关部门负有处置突发事件职责的工作人员定期进行培训。

第二十六条 【应急救援队伍】县级以上人民政府应当整合应急资源，建立或者确定综合性应急救援队伍。人民政府有关部门可以根据实际需要设立专业应急救援队伍。

县级以上人民政府及其有关部门可以建立由成年志愿者组成的应急救援队伍。单位应当建立由本单位职工组成的专职或者兼职应急救援队伍。

县级以上人民政府应当加强专业应急救援队伍与非专业应急救援队伍的合作，联合培训、联合演练，提高合成应急、协同应急的能力。

第二十七条 【应急救援人员人身保险】国务院有关部门、县级以上地方各级人民政府及其有关部门、有关单位应当为专业应急救援人员购买人身意外伤害保险，配备必要的防护装备和器材，减少应急救援人员的人身风险。

第二十八条 【军队和民兵组织的专门训练】中国人民解放军、中国人民武装警察部队和民兵组织应当有计划地组织开展应急救援的专门训练。

第二十九条 【应急知识宣传普及和应急演练】县级人民政府及其有关部门、乡级人民政府、街道办事处应当组织开展应急知识的宣传普及活动和必要的应急演练。

居民委员会、村民委员会、企业事业单位应当根据所在地人民政府的要求，结合各自的实际情况，开展有关突发事件应急知识的宣传普及活动和必要的应急演练。

新闻媒体应当无偿开展突发事件预防与应急、自救与互救知识的公益宣传。

第三十条 【学校的应急知识教育义务】各级各类学校应当把应急知识教育纳入教学内容，对学生进行应急知识教育，培养学生的安全意识和自救与互救能力。

教育主管部门应当对学校开展应急知识教育进行指导和监督。

第三十一条 【经费保障】国务院和县级以上地方各级人民政府应当采取财政措施，保障突发事件应对工作所需经费。

第三十二条 【应急物资储备保障】国家建立健全应急物资储备保障制度，完善重要应急物资的监管、生产、储备、调拨和紧急配送体系。

设区的市级以上人民政府和突发事件易发、多发地区的县级人民政府应当建立应急救援物资、生活必需品和应急处置装备的储备制度。

县级以上地方各级人民政府应当根据本地区的实际情况，与有关企业签订协议，保障应急救援物资、生活必需品和应急处置装备的生产、供给。

第三十三条 【应急通信保障】国家建立健全应急通信保障体系，完善公用通信网，建立有线与无线相结合、基础电信网络与机动通信系统相配套的应急通信系统，确保突发事件应对工作的通信畅通。

第三十四条　【鼓励捐赠】国家鼓励公民、法人和其他组织为人民政府应对突发事件工作提供物资、资金、技术支持和捐赠。

第三十五条　【巨灾风险保险】国家发展保险事业，建立国家财政支持的巨灾风险保险体系，并鼓励单位和公民参加保险。

第三十六条　【人才培养和研究开发】国家鼓励、扶持具备相应条件的教学科研机构培养应急管理专门人才，鼓励、扶持教学科研机构和有关企业研究开发用于突发事件预防、监测、预警、应急处置与救援的新技术、新设备和新工具。

第三章　监测与预警

第三十七条　【突发事件信息系统】国务院建立全国统一的突发事件信息系统。

县级以上地方各级人民政府应当建立或者确定本地区统一的突发事件信息系统，汇集、储存、分析、传输有关突发事件的信息，并与上级人民政府及其有关部门、下级人民政府及其有关部门、专业机构和监测网点的突发事件信息系统实现互联互通，加强跨部门、跨地区的信息交流与情报合作。

第三十八条　【突发事件信息收集】县级以上人民政府及其有关部门、专业机构应当通过多种途径收集突发事件信息。

县级人民政府应当在居民委员会、村民委员会和有关单位建立专职或者兼职信息报告员制度。

获悉突发事件信息的公民、法人或者其他组织，应当立即向所在地人民政府、有关主管部门或者指定的专业机构报告。

第三十九条　【突发事件信息报送和报告】地方各级人民政府应当按照国家有关规定向上级人民政府报送突发事件信息。县级以上人民政府有关主管部门应当向本级人民政府相关部门通报突发事件信息。专业机构、监测网点和信息报告员应当及时向所在地人民政府及其有关主管部门报告突发事件信息。

有关单位和人员报送、报告突发事件信息，应当做到及时、客观、真实，不得迟报、谎报、瞒报、漏报。

第四十条　【汇总分析突发事件隐患和预警信息】 县级以上地方各级人民政府应当及时汇总分析突发事件隐患和预警信息，必要时组织相关部门、专业技术人员、专家学者进行会商，对发生突发事件的可能性及其可能造成的影响进行评估；认为可能发生重大或者特别重大突发事件的，应当立即向上级人民政府报告，并向上级人民政府有关部门、当地驻军和可能受到危害的毗邻或者相关地区的人民政府通报。

第四十一条　【突发事件监测】 国家建立健全突发事件监测制度。

县级以上人民政府及其有关部门应当根据自然灾害、事故灾难和公共卫生事件的种类和特点，建立健全基础信息数据库，完善监测网络，划分监测区域，确定监测点，明确监测项目，提供必要的设备、设施，配备专职或者兼职人员，对可能发生的突发事件进行监测。

第四十二条　【突发事件预警】 国家建立健全突发事件预警制度。

可以预警的自然灾害、事故灾难和公共卫生事件的预警级别，按照突发事件发生的紧急程度、发展势态和可能造成的危害程度分为一级、二级、三级和四级，分别用红色、橙色、黄色和蓝色标示，一级为最高级别。

预警级别的划分标准由国务院或者国务院确定的部门制定。

第四十三条　【发布预警】 可以预警的自然灾害、事故灾难或者公共卫生事件即将发生或者发生的可能性增大时，县级以上地方各级人民政府应当根据有关法律、行政法规和国务院规定的权限和程序，发布相应级别的警报，决定并宣布有关地区进入预警期，同时向上一级人民政府报告，必要时可以越级上报，并向当地驻军和可能受到危害的毗邻或者相关地区的人民政府通报。

第四十四条 【三、四级预警应当采取的措施】发布三级、四级警报，宣布进入预警期后，县级以上地方各级人民政府应当根据即将发生的突发事件的特点和可能造成的危害，采取下列措施：

（一）启动应急预案；

（二）责令有关部门、专业机构、监测网点和负有特定职责的人员及时收集、报告有关信息，向社会公布反映突发事件信息的渠道，加强对突发事件发生、发展情况的监测、预报和预警工作；

（三）组织有关部门和机构、专业技术人员、有关专家学者，随时对突发事件信息进行分析评估，预测发生突发事件可能性的大小、影响范围和强度以及可能发生的突发事件的级别；

（四）定时向社会发布与公众有关的突发事件预测信息和分析评估结果，并对相关信息的报道工作进行管理；

（五）及时按照有关规定向社会发布可能受到突发事件危害的警告，宣传避免、减轻危害的常识，公布咨询电话。

第四十五条 【一、二级预警应当采取的措施】发布一级、二级警报，宣布进入预警期后，县级以上地方各级人民政府除采取本法第四十四条规定的措施外，还应当针对即将发生的突发事件的特点和可能造成的危害，采取下列一项或者多项措施：

（一）责令应急救援队伍、负有特定职责的人员进入待命状态，并动员后备人员做好参加应急救援和处置工作的准备；

（二）调集应急救援所需物资、设备、工具，准备应急设施和避难场所，并确保其处于良好状态、随时可以投入正常使用；

（三）加强对重点单位、重要部位和重要基础设施的安全保卫，维护社会治安秩序；

（四）采取必要措施，确保交通、通信、供水、排水、供电、供气、供热等公共设施的安全和正常运行；

（五）及时向社会发布有关采取特定措施避免或者减轻危害的建议、劝告；

（六）转移、疏散或者撤离易受突发事件危害的人员并予以妥善安置，转移重要财产；

（七）关闭或者限制使用易受突发事件危害的场所，控制或者限制容易导致危害扩大的公共场所的活动；

（八）法律、法规、规章规定的其他必要的防范性、保护性措施。

第四十六条 【社会安全事件报告制度】对即将发生或者已经发生的社会安全事件，县级以上地方各级人民政府及其有关主管部门应当按照规定向上一级人民政府及其有关主管部门报告，必要时可以越级上报。

第四十七条 【预警调整和解除】发布突发事件警报的人民政府应当根据事态的发展，按照有关规定适时调整预警级别并重新发布。

有事实证明不可能发生突发事件或者危险已经解除的，发布警报的人民政府应当立即宣布解除警报，终止预警期，并解除已经采取的有关措施。

第四章 应急处置与救援

第四十八条 【突发事件发生后政府应履行的职责】突发事件发生后，履行统一领导职责或者组织处置突发事件的人民政府应当针对其性质、特点和危害程度，立即组织有关部门，调动应急救援队伍和社会力量，依照本章的规定和有关法律、法规、规章的规定采取应急处置措施。

第四十九条 【应对自然灾害、事故灾难或者公共卫生事件的处置措施】自然灾害、事故灾难或者公共卫生事件发生后，履行统一领导职责的人民政府可以采取下列一项或者多项应急处置措施：

（一）组织营救和救治受害人员，疏散、撤离并妥善安置受到威胁的人员以及采取其他救助措施；

（二）迅速控制危险源，标明危险区域，封锁危险场所，划定警戒区，实行交通管制以及其他控制措施；

（三）立即抢修被损坏的交通、通信、供水、排水、供电、供气、供热等公共设施，向受到危害的人员提供避难场所和生活必需品，实施医疗救护和卫生防疫以及其他保障措施；

（四）禁止或者限制使用有关设备、设施，关闭或者限制使用有关场所，中止人员密集的活动或者可能导致危害扩大的生产经营活动以及采取其他保护措施；

（五）启用本级人民政府设置的财政预备费和储备的应急救援物资，必要时调用其他急需物资、设备、设施、工具；

（六）组织公民参加应急救援和处置工作，要求具有特定专长的人员提供服务；

（七）保障食品、饮用水、燃料等基本生活必需品的供应；

（八）依法从严惩处囤积居奇、哄抬物价、制假售假等扰乱市场秩序的行为，稳定市场价格，维护市场秩序；

（九）依法从严惩处哄抢财物、干扰破坏应急处置工作等扰乱社会秩序的行为，维护社会治安；

（十）采取防止发生次生、衍生事件的必要措施。

第五十条 【应对社会安全事件的处置措施】社会安全事件发生后，组织处置工作的人民政府应当立即组织有关部门并由公安机关针对事件的性质和特点，依照有关法律、行政法规和国家其他有关规定，采取下列一项或者多项应急处置措施：

（一）强制隔离使用器械相互对抗或者以暴力行为参与冲突的当事人，妥善解决现场纠纷和争端，控制事态发展；

（二）对特定区域内的建筑物、交通工具、设备、设施以及燃料、燃气、电力、水的供应进行控制；

（三）封锁有关场所、道路，查验现场人员的身份证件，限制有关公共场所内的活动；

（四）加强对易受冲击的核心机关和单位的警卫，在国家机关、军事机关、国家通讯社、广播电台、电视台、外国驻华使领馆等单位附近设置临时警戒线；

（五）法律、行政法规和国务院规定的其他必要措施。

严重危害社会治安秩序的事件发生时，公安机关应当立即依法出动警力，根据现场情况依法采取相应的强制性措施，尽快使社会秩序恢复正常。

  第五十一条 【**突发事件严重影响国民经济运行时的应急处置措施**】发生突发事件，严重影响国民经济正常运行时，国务院或者国务院授权的有关主管部门可以采取保障、控制等必要的应急措施，保障人民群众的基本生活需要，最大限度地减轻突发事件的影响。

  第五十二条 【**征用财产权、请求支援权及相应义务**】履行统一领导职责或者组织处置突发事件的人民政府，必要时可以向单位和个人征用应急救援所需设备、设施、场地、交通工具和其他物资，请求其他地方人民政府提供人力、物力、财力或者技术支援，要求生产、供应生活必需品和应急救援物资的企业组织生产、保证供给，要求提供医疗、交通等公共服务的组织提供相应的服务。

  履行统一领导职责或者组织处置突发事件的人民政府，应当组织协调运输经营单位，优先运送处置突发事件所需物资、设备、工具、应急救援人员和受到突发事件危害的人员。

  第五十三条 【**发布相关信息的义务**】履行统一领导职责或者组织处置突发事件的人民政府，应当按照有关规定统一、准确、及时发布有关突发事件事态发展和应急处置工作的信息。

  第五十四条 【**禁止编造、传播虚假信息**】任何单位和个人不得编造、传播有关突发事件事态发展或者应急处置工作的虚假信息。

  第五十五条 【**相关组织的协助义务**】突发事件发生地的居民委员会、村民委员会和其他组织应当按照当地人民政府的决定、命令，进行宣传动员，组织群众开展自救和互救，协助维护社会秩序。

  第五十六条 【**受突发事件影响或辐射突发事件的单位的应急处置措施**】受到自然灾害危害或者发生事故灾难、公共卫生事件的单位，应当立即组织本单位应急救援队伍和工作人员营救受害人员，疏散、撤离、安置受到威胁的人员，控制危险源，标明危险区域，封锁危险场所，并采取其他防止危害扩大的必要措施，同时向所在地县级人民政府报告；对因本单位的问题引发的或者主体是本单位人员的社会安全事件，有关单位应当按照规定上报情况，并迅速派出负责人赶赴现场开展劝解、疏导工作。

突发事件发生地的其他单位应当服从人民政府发布的决定、命令，配合人民政府采取的应急处置措施，做好本单位的应急救援工作，并积极组织人员参加所在地的应急救援和处置工作。

第五十七条 【突发事件发生地的公民应当履行的义务】突发事件发生地的公民应当服从人民政府、居民委员会、村民委员会或者所属单位的指挥和安排，配合人民政府采取的应急处置措施，积极参加应急救援工作，协助维护社会秩序。

第五章 事后恢复与重建

第五十八条 【停止执行应急处置措施并继续实施必要措施】突发事件的威胁和危害得到控制或者消除后，履行统一领导职责或者组织处置突发事件的人民政府应当停止执行依照本法规定采取的应急处置措施，同时采取或者继续实施必要措施，防止发生自然灾害、事故灾难、公共卫生事件的次生、衍生事件或者重新引发社会安全事件。

第五十九条 【损失评估和组织恢复重建】突发事件应急处置工作结束后，履行统一领导职责的人民政府应当立即组织对突发事件造成的损失进行评估，组织受影响地区尽快恢复生产、生活、工作和社会秩序，制定恢复重建计划，并向上一级人民政府报告。

受突发事件影响地区的人民政府应当及时组织和协调公安、交通、铁路、民航、邮电、建设等有关部门恢复社会治安秩序，尽快修复被损坏的交通、通信、供水、排水、供电、供气、供热等公共设施。

第六十条 【支援恢复重建】受突发事件影响地区的人民政府开展恢复重建工作需要上一级人民政府支持的，可以向上一级人民政府提出请求。上一级人民政府应当根据受影响地区遭受的损失和实际情况，提供资金、物资支持和技术指导，组织其他地区提供资金、物资和人力支援。

第六十一条 【善后工作计划】国务院根据受突发事件影响地区遭受损失的情况，制定扶持该地区有关行业发展的优惠政策。

受突发事件影响地区的人民政府应当根据本地区遭受损失的情况，制定救助、补偿、抚慰、抚恤、安置等善后工作计划并组织实施，妥善解决因处置突发事件引发的矛盾和纠纷。

公民参加应急救援工作或者协助维护社会秩序期间，其在本单位的工资待遇和福利不变；表现突出、成绩显著的，由县级以上人民政府给予表彰或者奖励。

县级以上人民政府对在应急救援工作中伤亡的人员依法给予抚恤。

第六十二条 【查明原因并总结经验教训】履行统一领导职责的人民政府应当及时查明突发事件的发生经过和原因，总结突发事件应急处置工作的经验教训，制定改进措施，并向上一级人民政府提出报告。

第六章 法律责任

第六十三条 【政府及其有关部门不履行法定职责的法律责任】地方各级人民政府和县级以上各级人民政府有关部门违反本法规定，不履行法定职责的，由其上级行政机关或者监察机关责令改正；有下列情形之一的，根据情节对直接负责的主管人员和其他直接责任人员依法给予处分：

（一）未按规定采取预防措施，导致发生突发事件，或者未采取必要的防范措施，导致发生次生、衍生事件的；

（二）迟报、谎报、瞒报、漏报有关突发事件的信息，或者通报、报送、公布虚假信息，造成后果的；

（三）未按规定及时发布突发事件警报、采取预警期的措施，导致损害发生的；

（四）未按规定及时采取措施处置突发事件或者处置不当，造成后果的；

（五）不服从上级人民政府对突发事件应急处置工作的统一领导、指挥和协调的；

（六）未及时组织开展生产自救、恢复重建等善后工作的；

（七）截留、挪用、私分或者变相私分应急救援资金、物资的；

（八）不及时归还征用的单位和个人的财产，或者对被征用财产的单位和个人不按规定给予补偿的。

第六十四条　【突发事件发生地的单位不履行法定义务的法律责任】有关单位有下列情形之一的，由所在地履行统一领导职责的人民政府责令停产停业，暂扣或者吊销许可证或者营业执照，并处五万元以上二十万元以下的罚款；构成违反治安管理行为的，由公安机关依法给予处罚：

（一）未按规定采取预防措施，导致发生严重突发事件的；

（二）未及时消除已发现的可能引发突发事件的隐患，导致发生严重突发事件的；

（三）未做好应急设备、设施日常维护、检测工作，导致发生严重突发事件或者突发事件危害扩大的；

（四）突发事件发生后，不及时组织开展应急救援工作，造成严重后果的。

前款规定的行为，其他法律、行政法规规定由人民政府有关部门依法决定处罚的，从其规定。

第六十五条　【编造、传播虚假信息的法律责任】违反本法规定，编造并传播有关突发事件事态发展或者应急处置工作的虚假信息，或者明知是有关突发事件事态发展或者应急处置工作的虚假信息而进行传播的，责令改正，给予警告；造成严重后果的，依法暂停其业务活动或者吊销其执业许可证；负有直接责任的人员是国家工作人员的，还应当对其依法给予处分；构成违反治安管理行为的，由公安机关依法给予处罚。

第六十六条　【治安管理处罚】单位或者个人违反本法规定，

不服从所在地人民政府及其有关部门发布的决定、命令或者不配合其依法采取的措施，构成违反治安管理行为的，由公安机关依法给予处罚。

第六十七条 【民事责任】单位或者个人违反本法规定，导致突发事件发生或者危害扩大，给他人人身、财产造成损害的，应当依法承担民事责任。

第六十八条 【刑事责任】违反本法规定，构成犯罪的，依法追究刑事责任。

第七章 附　　则

第六十九条 【紧急状态】发生特别重大突发事件，对人民生命财产安全、国家安全、公共安全、环境安全或者社会秩序构成重大威胁，采取本法和其他有关法律、法规、规章规定的应急处置措施不能消除或者有效控制、减轻其严重社会危害，需要进入紧急状态的，由全国人民代表大会常务委员会或者国务院依照宪法和其他有关法律规定的权限和程序决定。

紧急状态期间采取的非常措施，依照有关法律规定执行或者由全国人民代表大会常务委员会另行规定。

第七十条 【施行日期】本法自2007年11月1日起施行。

中华人民共和国治安管理处罚法

（2005年8月28日第十届全国人民代表大会常务委员会第十七次会议通过　根据2012年10月26日第十一届全国人民代表大会常务委员会第二十九次会议《关于修改〈中华人民共和国治安管理处罚法〉的决定》修正）

第一章　总　　则

第一条　【立法目的】为维护社会治安秩序，保障公共安全，保护公民、法人和其他组织的合法权益，规范和保障公安机关及其人民警察依法履行治安管理职责，制定本法。

第二条　【违反治安管理行为的性质和特征】扰乱公共秩序，妨害公共安全，侵犯人身权利、财产权利，妨害社会管理，具有社会危害性，依照《中华人民共和国刑法》的规定构成犯罪的，依法追究刑事责任；尚不够刑事处罚的，由公安机关依照本法给予治安管理处罚。

第三条　【处罚程序应适用的法律规范】治安管理处罚的程序，适用本法的规定；本法没有规定的，适用《中华人民共和国行政处罚法》的有关规定。

第四条　【适用范围】在中华人民共和国领域内发生的违反治安管理行为，除法律有特别规定的外，适用本法。

在中华人民共和国船舶和航空器内发生的违反治安管理行为，除法律有特别规定的外，适用本法。

第五条　【基本原则】治安管理处罚必须以事实为依据，与违反治安管理行为的性质、情节以及社会危害程度相当。

实施治安管理处罚，应当公开、公正，尊重和保障人权，保护公民的人格尊严。

办理治安案件应当坚持教育与处罚相结合的原则。

第六条 【社会治安综合治理】各级人民政府应当加强社会治安综合治理，采取有效措施，化解社会矛盾，增进社会和谐，维护社会稳定。

第七条 【主管和管辖】国务院公安部门负责全国的治安管理工作。县级以上地方各级人民政府公安机关负责本行政区域内的治安管理工作。

治安案件的管辖由国务院公安部门规定。

第八条 【民事责任】违反治安管理的行为对他人造成损害的，行为人或者其监护人应当依法承担民事责任。

第九条 【调解】对于因民间纠纷引起的打架斗殴或者损毁他人财物等违反治安管理行为，情节较轻的，公安机关可以调解处理。经公安机关调解，当事人达成协议的，不予处罚。经调解未达成协议或者达成协议后不履行的，公安机关应当依照本法的规定对违反治安管理行为人给予处罚，并告知当事人可以就民事争议依法向人民法院提起民事诉讼。

第二章　处罚的种类和适用

第十条 【处罚种类】治安管理处罚的种类分为：

（一）警告；

（二）罚款；

（三）行政拘留；

（四）吊销公安机关发放的许可证。

对违反治安管理的外国人，可以附加适用限期出境或者驱逐出境。

第十一条 【查获违禁品、工具和违法所得财物的处理】办理治安案件所查获的毒品、淫秽物品等违禁品，赌具、赌资、吸食、注射毒品的用具以及直接用于实施违反治安管理行为的本人所有的工具，应当收缴，按照规定处理。

违反治安管理所得的财物，追缴退还被侵害人；没有被侵害人的，登记造册，公开拍卖或者按照国家有关规定处理，所得款项上缴国库。

第十二条 【未成年人违法的处罚】已满十四周岁不满十八周岁的人违反治安管理的，从轻或者减轻处罚；不满十四周岁的人违反治安管理的，不予处罚，但是应当责令其监护人严加管教。

第十三条 【精神病人违法的处罚】精神病人在不能辨认或者不能控制自己行为的时候违反治安管理的，不予处罚，但是应当责令其监护人严加看管和治疗。间歇性的精神病人在精神正常的时候违反治安管理的，应当给予处罚。

第十四条 【盲人或聋哑人违法的处罚】盲人或者又聋又哑的人违反治安管理的，可以从轻、减轻或者不予处罚。

第十五条 【醉酒的人违法的处罚】醉酒的人违反治安管理的，应当给予处罚。

醉酒的人在醉酒状态中，对本人有危险或者对他人的人身、财产或者公共安全有威胁的，应当对其采取保护性措施约束至酒醒。

第十六条 【有两种以上违法行为的处罚】有两种以上违反治安管理行为的，分别决定，合并执行。行政拘留处罚合并执行的，最长不超过二十日。

第十七条 【共同违法行为的处罚】共同违反治安管理的，根据违反治安管理行为人在违反治安管理行为中所起的作用，分别处罚。

教唆、胁迫、诱骗他人违反治安管理的，按照其教唆、胁迫、诱骗的行为处罚。

第十八条 【单位违法行为的处罚】单位违反治安管理的，对其直接负责的主管人员和其他直接责任人员依照本法的规定处罚。其他法律、行政法规对同一行为规定给予单位处罚的，依照其规定处罚。

第十九条 【减轻处罚或不予处罚的情形】违反治安管理有下列情形之一的，减轻处罚或者不予处罚：

（一）情节特别轻微的；
（二）主动消除或者减轻违法后果，并取得被侵害人谅解的；
（三）出于他人胁迫或者诱骗的；
（四）主动投案，向公安机关如实陈述自己的违法行为的；
（五）有立功表现的。

第二十条　【从重处罚的情形】违反治安管理有下列情形之一的，从重处罚：
（一）有较严重后果的；
（二）教唆、胁迫、诱骗他人违反治安管理的；
（三）对报案人、控告人、举报人、证人打击报复的；
（四）六个月内曾受过治安管理处罚的。

第二十一条　【应给予行政拘留处罚而不予执行的情形】违反治安管理行为人有下列情形之一，依照本法应当给予行政拘留处罚的，不执行行政拘留处罚：
（一）已满十四周岁不满十六周岁的；
（二）已满十六周岁不满十八周岁，初次违反治安管理的；
（三）七十周岁以上的；
（四）怀孕或者哺乳自己不满一周岁婴儿的。

第二十二条　【追究时效】违反治安管理行为在六个月内没有被公安机关发现的，不再处罚。

前款规定的期限，从违反治安管理行为发生之日起计算；违反治安管理行为有连续或者继续状态的，从行为终了之日起计算。

第三章　违反治安管理的行为和处罚

第一节　扰乱公共秩序的行为和处罚

第二十三条　【对扰乱单位、公共场所、公共交通和选举秩序行为的处罚】有下列行为之一的，处警告或者二百元以下罚款；情节较重的，处五日以上十日以下拘留，可以并处五百元以下罚款：

（一）扰乱机关、团体、企业、事业单位秩序，致使工作、生产、营业、医疗、教学、科研不能正常进行，尚未造成严重损失的；

（二）扰乱车站、港口、码头、机场、商场、公园、展览馆或者其他公共场所秩序的；

（三）扰乱公共汽车、电车、火车、船舶、航空器或者其他公共交通工具上的秩序的；

（四）非法拦截或者强登、扒乘机动车、船舶、航空器以及其他交通工具，影响交通工具正常行驶的；

（五）破坏依法进行的选举秩序的。

聚众实施前款行为的，对首要分子处十日以上十五日以下拘留，可以并处一千元以下罚款。

第二十四条 【对扰乱文化、体育等大型群众性活动秩序行为的处罚】有下列行为之一，扰乱文化、体育等大型群众性活动秩序的，处警告或者二百元以下罚款；情节严重的，处五日以上十日以下拘留，可以并处五百元以下罚款：

（一）强行进入场内的；

（二）违反规定，在场内燃放烟花爆竹或者其他物品的；

（三）展示侮辱性标语、条幅等物品的；

（四）围攻裁判员、运动员或者其他工作人员的；

（五）向场内投掷杂物，不听制止的；

（六）扰乱大型群众性活动秩序的其他行为。

因扰乱体育比赛秩序被处以拘留处罚的，可以同时责令其十二个月内不得进入体育场馆观看同类比赛；违反规定进入体育场馆的，强行带离现场。

第二十五条 【对扰乱公共秩序行为的处罚】有下列行为之一的，处五日以上十日以下拘留，可以并处五百元以下罚款；情节较轻的，处五日以下拘留或者五百元以下罚款：

（一）散布谣言，谎报险情、疫情、警情或者以其他方法故意扰乱公共秩序的；

（二）投放虚假的爆炸性、毒害性、放射性、腐蚀性物质或者传染病病原体等危险物质扰乱公共秩序的；

（三）扬言实施放火、爆炸、投放危险物质扰乱公共秩序的。

第二十六条　【对寻衅滋事行为的处罚】有下列行为之一的，处五日以上十日以下拘留，可以并处五百元以下罚款；情节较重的，处十日以上十五日以下拘留，可以并处一千元以下罚款：

（一）结伙斗殴的；

（二）追逐、拦截他人的；

（三）强拿硬要或者任意损毁、占用公私财物的；

（四）其他寻衅滋事行为。

第二十七条　【对利用封建迷信、会道门进行非法活动行为的处罚】有下列行为之一的，处十日以上十五日以下拘留，可以并处一千元以下罚款；情节较轻的，处五日以上十日以下拘留，可以并处五百元以下罚款：

（一）组织、教唆、胁迫、诱骗、煽动他人从事邪教、会道门活动或者利用邪教、会道门、迷信活动，扰乱社会秩序、损害他人身体健康的；

（二）冒用宗教、气功名义进行扰乱社会秩序、损害他人身体健康活动的。

第二十八条　【对干扰无线电业务及无线电台（站）行为的处罚】违反国家规定，故意干扰无线电业务正常进行的，或者对正常运行的无线电台（站）产生有害干扰，经有关主管部门指出后，拒不采取有效措施消除的，处五日以上十日以下拘留；情节严重的，处十日以上十五日以下拘留。

第二十九条　【对侵入、破坏计算机信息系统行为的处罚】有下列行为之一的，处五日以下拘留；情节较重的，处五日以上十日以下拘留：

（一）违反国家规定，侵入计算机信息系统，造成危害的；

（二）违反国家规定，对计算机信息系统功能进行删除、修改、增加、干扰，造成计算机信息系统不能正常运行的；

（三）违反国家规定，对计算机信息系统中存储、处理、传输的数据和应用程序进行删除、修改、增加的；

（四）故意制作、传播计算机病毒等破坏性程序，影响计算机信息系统正常运行的。

第二节 妨害公共安全的行为和处罚

第三十条 【对违反危险物质管理行为的处罚】违反国家规定，制造、买卖、储存、运输、邮寄、携带、使用、提供、处置爆炸性、毒害性、放射性、腐蚀性物质或者传染病病原体等危险物质的，处十日以上十五日以下拘留；情节较轻的，处五日以上十日以下拘留。

第三十一条 【对危险物质被盗、被抢、丢失不报行为的处罚】爆炸性、毒害性、放射性、腐蚀性物质或者传染病病原体等危险物质被盗、被抢或者丢失，未按规定报告的，处五日以下拘留；故意隐瞒不报的，处五日以上十日以下拘留。

第三十二条 【对非法携带管制器具行为的处罚】非法携带枪支、弹药或者弩、匕首等国家规定的管制器具的，处五日以下拘留，可以并处五百元以下罚款；情节较轻的，处警告或者二百元以下罚款。

非法携带枪支、弹药或者弩、匕首等国家规定的管制器具进入公共场所或者公共交通工具的，处五日以上十日以下拘留，可以并处五百元以下罚款。

第三十三条 【对盗窃、损毁公共设施行为的处罚】有下列行为之一的，处十日以上十五日以下拘留：

（一）盗窃、损毁油气管道设施、电力电信设施、广播电视设施、水利防汛工程设施或者水文监测、测量、气象测报、环境监测、地质监测、地震监测等公共设施的；

（二）移动、损毁国家边境的界碑、界桩以及其他边境标志、边境设施或者领土、领海标志设施的；

（三）非法进行影响国（边）界线走向的活动或者修建有碍国

（边）境管理的设施的。

第三十四条 【对妨害航空器飞行安全行为的处罚】盗窃、损坏、擅自移动使用中的航空设施，或者强行进入航空器驾驶舱的，处十日以上十五日以下拘留。

在使用中的航空器上使用可能影响导航系统正常功能的器具、工具，不听劝阻的，处五日以下拘留或者五百元以下罚款。

第三十五条 【对妨害铁路运行安全行为的处罚】有下列行为之一的，处五日以上十日以下拘留，可以并处五百元以下罚款；情节较轻的，处五日以下拘留或者五百元以下罚款：

（一）盗窃、损毁或者擅自移动铁路设施、设备、机车车辆配件或者安全标志的；

（二）在铁路线路上放置障碍物，或者故意向列车投掷物品的；

（三）在铁路线路、桥梁、涵洞处挖掘坑穴、采石取沙的；

（四）在铁路线路上私设道口或者平交过道的。

第三十六条 【对妨害列车行车安全行为的处罚】擅自进入铁路防护网或者火车来临时在铁路线路上行走坐卧、抢越铁路，影响行车安全的，处警告或者二百元以下罚款。

第三十七条 【对妨害公共道路安全行为的处罚】有下列行为之一的，处五日以下拘留或者五百元以下罚款；情节严重的，处五日以上十日以下拘留，可以并处五百元以下罚款：

（一）未经批准，安装、使用电网的，或者安装、使用电网不符合安全规定的；

（二）在车辆、行人通行的地方施工，对沟井坎穴不设覆盖物、防围和警示标志的，或者故意损毁、移动覆盖物、防围和警示标志的；

（三）盗窃、损毁路面井盖、照明等公共设施的。

第三十八条 【对违反规定举办大型活动行为的处罚】举办文化、体育等大型群众性活动，违反有关规定，有发生安全事故危险的，责令停止活动，立即疏散；对组织者处五日以上十日以下拘留，并处二百元以上五百元以下罚款；情节较轻的，处五日以下拘留或者五百元以下罚款。

第三十九条 【对违反公共场所安全规定行为的处罚】旅馆、饭店、影剧院、娱乐场、运动场、展览馆或者其他供社会公众活动的场所的经营管理人员，违反安全规定，致使该场所有发生安全事故危险，经公安机关责令改正，拒不改正的，处五日以下拘留。

第三节 侵犯人身权利、财产权利的行为和处罚

第四十条 【对恐怖表演、强迫劳动、限制人身自由行为的处罚】有下列行为之一的，处十日以上十五日以下拘留，并处五百元以上一千元以下罚款；情节较轻的，处五日以上十日以下拘留，并处二百元以上五百元以下罚款：

（一）组织、胁迫、诱骗不满十六周岁的人或者残疾人进行恐怖、残忍表演的；

（二）以暴力、威胁或者其他手段强迫他人劳动的；

（三）非法限制他人人身自由、非法侵入他人住宅或者非法搜查他人身体的。

第四十一条 【对胁迫利用他人乞讨和滋扰乞讨行为的处罚】胁迫、诱骗或者利用他人乞讨的，处十日以上十五日以下拘留，可以并处一千元以下罚款。

反复纠缠、强行讨要或者以其他滋扰他人的方式乞讨的，处五日以下拘留或者警告。

第四十二条 【对侵犯人身权利六项行为的处罚】有下列行为之一的，处五日以下拘留或者五百元以下罚款；情节较重的，处五日以上十日以下拘留，可以并处五百元以下罚款：

（一）写恐吓信或者以其他方法威胁他人人身安全的；

（二）公然侮辱他人或者捏造事实诽谤他人的；

（三）捏造事实诬告陷害他人，企图使他人受到刑事追究或者受到治安管理处罚的；

（四）对证人及其近亲属进行威胁、侮辱、殴打或者打击报复的；

（五）多次发送淫秽、侮辱、恐吓或者其他信息，干扰他人正常生活的；

（六）偷窥、偷拍、窃听、散布他人隐私的。

第四十三条 【对殴打或故意伤害他人身体行为的处罚】殴打他人的，或者故意伤害他人身体的，处五日以上十日以下拘留，并处二百元以上五百元以下罚款；情节较轻的，处五日以下拘留或者五百元以下罚款。

有下列情形之一的，处十日以上十五日以下拘留，并处五百元以上一千元以下罚款：

（一）结伙殴打、伤害他人的；

（二）殴打、伤害残疾人、孕妇、不满十四周岁的人或者六十周岁以上的人的；

（三）多次殴打、伤害他人或者一次殴打、伤害多人的。

第四十四条 【对猥亵他人和在公共场所裸露身体行为的处罚】猥亵他人的，或者在公共场所故意裸露身体，情节恶劣的，处五日以上十日以下拘留；猥亵智力残疾人、精神病人、不满十四周岁的人或者有其他严重情节的，处十日以上十五日以下拘留。

第四十五条 【对虐待家庭成员、遗弃被扶养人行为的处罚】有下列行为之一的，处五日以下拘留或者警告：

（一）虐待家庭成员，被虐待人要求处理的；

（二）遗弃没有独立生活能力的被扶养人的。

第四十六条 【对强迫交易行为的处罚】强买强卖商品，强迫他人提供服务或者强迫他人接受服务的，处五日以上十日以下拘留，并处二百元以上五百元以下罚款；情节较轻的，处五日以下拘留或者五百元以下罚款。

第四十七条 【对煽动民族仇恨、民族歧视行为的处罚】煽动民族仇恨、民族歧视，或者在出版物、计算机信息网络中刊载民族歧视、侮辱内容的，处十日以上十五日以下拘留，可以并处一千元以下罚款。

第四十八条 【对侵犯通信自由行为的处罚】冒领、隐匿、毁弃、私自开拆或者非法检查他人邮件的，处五日以下拘留或者五百元以下罚款。

第四十九条 【对盗窃、诈骗、哄抢、抢夺、敲诈勒索、损毁公私财物行为的处罚】盗窃、诈骗、哄抢、抢夺、敲诈勒索或者故意损毁公私财物的，处五日以上十日以下拘留，可以并处五百元以下罚款；情节较重的，处十日以上十五日以下拘留，可以并处一千元以下罚款。

第四节 妨害社会管理的行为和处罚

第五十条 【对拒不执行紧急状态决定、命令和阻碍执行公务的处罚】有下列行为之一的，处警告或者二百元以下罚款；情节严重的，处五日以上十日以下拘留，可以并处五百元以下罚款：

（一）拒不执行人民政府在紧急状态情况下依法发布的决定、命令的；

（二）阻碍国家机关工作人员依法执行职务的；

（三）阻碍执行紧急任务的消防车、救护车、工程抢险车、警车等车辆通行的；

（四）强行冲闯公安机关设置的警戒带、警戒区的。

阻碍人民警察依法执行职务的，从重处罚。

第五十一条 【对招摇撞骗行为的处罚】冒充国家机关工作人员或者以其他虚假身份招摇撞骗的，处五日以上十日以下拘留，可以并处五百元以下罚款；情节较轻的，处五日以下拘留或者五百元以下罚款。

冒充军警人员招摇撞骗的，从重处罚。

第五十二条 【对伪造、变造、买卖公文、证件、票证行为的处罚】有下列行为之一的，处十日以上十五日以下拘留，可以并处一千元以下罚款；情节较轻的，处五日以上十日以下拘留，可以并处五百元以下罚款：

（一）伪造、变造或者买卖国家机关、人民团体、企业、事业单位或者其他组织的公文、证件、证明文件、印章的；

（二）买卖或者使用伪造、变造的国家机关、人民团体、企业、事业单位或者其他组织的公文、证件、证明文件的；

（三）伪造、变造、倒卖车票、船票、航空客票、文艺演出票、体育比赛入场券或者其他有价票证、凭证的；

（四）伪造、变造船舶户牌，买卖或者使用伪造、变造的船舶户牌，或者涂改船舶发动机号码的。

第五十三条　【对船舶擅自进入禁、限入水域或岛屿行为的处罚】船舶擅自进入、停靠国家禁止、限制进入的水域或者岛屿的，对船舶负责人及有关责任人员处五百元以上一千元以下罚款；情节严重的，处五日以下拘留，并处五百元以上一千元以下罚款。

第五十四条　【对违法设立社会团体行为的处罚】有下列行为之一的，处十日以上十五日以下拘留，并处五百元以上一千元以下罚款；情节较轻的，处五日以下拘留或者五百元以下罚款：

（一）违反国家规定，未经注册登记，以社会团体名义进行活动，被取缔后，仍进行活动的；

（二）被依法撤销登记的社会团体，仍以社会团体名义进行活动的；

（三）未经许可，擅自经营按照国家规定需要由公安机关许可的行业的。

有前款第三项行为的，予以取缔。

取得公安机关许可的经营者，违反国家有关管理规定，情节严重的，公安机关可以吊销许可证。

第五十五条　【对非法集会、游行、示威行为的处罚】煽动、策划非法集会、游行、示威，不听劝阻的，处十日以上十五日以下拘留。

第五十六条　【对旅馆工作人员违反规定行为的处罚】旅馆业的工作人员对住宿的旅客不按规定登记姓名、身份证件种类和号码的，或者明知住宿的旅客将危险物质带入旅馆，不予制止的，处二百元以上五百元以下罚款。

旅馆业的工作人员明知住宿的旅客是犯罪嫌疑人员或者被公安机关通缉的人员,不向公安机关报告的,处二百元以上五百元以下罚款;情节严重的,处五日以下拘留,可以并处五百元以下罚款。

第五十七条 【对违法出租房屋行为的处罚】房屋出租人将房屋出租给无身份证件的人居住的,或者不按规定登记承租人姓名、身份证件种类和号码的,处二百元以上五百元以下罚款。

房屋出租人明知承租人利用出租房屋进行犯罪活动,不向公安机关报告的,处二百元以上五百元以下罚款;情节严重的,处五日以下拘留,可以并处五百元以下罚款。

第五十八条 【对制造噪声干扰他人生活行为的处罚】违反关于社会生活噪声污染防治的法律规定,制造噪声干扰他人正常生活的,处警告;警告后不改正的,处二百元以上五百元以下罚款。

第五十九条 【对违法典当、收购行为的处罚】有下列行为之一的,处五百元以上一千元以下罚款;情节严重的,处五日以上十日以下拘留,并处五百元以上一千元以下罚款:

(一)典当业工作人员承接典当的物品,不查验有关证明、不履行登记手续,或者明知是违法犯罪嫌疑人、赃物,不向公安机关报告的;

(二)违反国家规定,收购铁路、油田、供电、电信、矿山、水利、测量和城市公用设施等废旧专用器材的;

(三)收购公安机关通报寻查的赃物或者有赃物嫌疑的物品的;

(四)收购国家禁止收购的其他物品的。

第六十条 【对妨害执法秩序行为的处罚】有下列行为之一的,处五日以上十日以下拘留,并处二百元以上五百元以下罚款:

(一)隐藏、转移、变卖或者损毁行政执法机关依法扣押、查封、冻结的财物的;

(二)伪造、隐匿、毁灭证据或者提供虚假证言、谎报案情,影响行政执法机关依法办案的;

(三)明知是赃物而窝藏、转移或者代为销售的;

(四)被依法执行管制、剥夺政治权利或者在缓刑、暂予监外执行中的罪犯或者被依法采取刑事强制措施的人，有违反法律、行政法规或者国务院有关部门的监督管理规定的行为。

第六十一条　【对协助组织、运送他人偷越国（边）境行为的处罚】协助组织或者运送他人偷越国（边）境的，处十日以上十五日以下拘留，并处一千元以上五千元以下罚款。

第六十二条　【对偷越国（边）境行为的处罚】为偷越国（边）境人员提供条件的，处五日以上十日以下拘留，并处五百元以上二千元以下罚款。

偷越国（边）境的，处五日以下拘留或者五百元以下罚款。

第六十三条　【对妨害文物管理行为的处罚】有下列行为之一的，处警告或者二百元以下罚款；情节较重的，处五日以上十日以下拘留，并处二百元以上五百元以下罚款：

（一）刻划、涂污或者以其他方式故意损坏国家保护的文物、名胜古迹的；

（二）违反国家规定，在文物保护单位附近进行爆破、挖掘等活动，危及文物安全的。

第六十四条　【对非法驾驶交通工具行为的处罚】有下列行为之一的，处五百元以上一千元以下罚款；情节严重的，处十日以上十五日以下拘留，并处五百元以上一千元以下罚款：

（一）偷开他人机动车的；

（二）未取得驾驶证驾驶或者偷开他人航空器、机动船舶的。

第六十五条　【对破坏他人坟墓、尸体和乱停放尸体行为的处罚】有下列行为之一的，处五日以上十日以下拘留；情节严重的，处十日以上十五日以下拘留，可以并处一千元以下罚款：

（一）故意破坏、污损他人坟墓或者毁坏、丢弃他人尸骨、骨灰的；

（二）在公共场所停放尸体或者因停放尸体影响他人正常生活、工作秩序，不听劝阻的。

第六十六条　【对卖淫、嫖娼行为的处罚】卖淫、嫖娼的，处十日以上十五日以下拘留，可以并处五千元以下罚款；情节较轻的，处五日以下拘留或者五百元以下罚款。

在公共场所拉客招嫖的,处五日以下拘留或者五百元以下罚款。

第六十七条 【对引诱、容留、介绍卖淫行为的处罚】引诱、容留、介绍他人卖淫的,处十日以上十五日以下拘留,可以并处五千元以下罚款;情节较轻的,处五日以下拘留或者五百元以下罚款。

第六十八条 【对传播淫秽信息行为的处罚】制作、运输、复制、出售、出租淫秽的书刊、图片、影片、音像制品等淫秽物品或者利用计算机信息网络、电话以及其他通讯工具传播淫秽信息的,处十日以上十五日以下拘留,可以并处三千元以下罚款;情节较轻的,处五日以下拘留或者五百元以下罚款。

第六十九条 【对组织、参与淫秽活动的处罚】有下列行为之一的,处十日以上十五日以下拘留,并处五百元以上一千元以下罚款:

(一)组织播放淫秽音像的;

(二)组织或者进行淫秽表演的;

(三)参与聚众淫乱活动的。

明知他人从事前款活动,为其提供条件的,依照前款的规定处罚。

第七十条 【对赌博行为的处罚】以营利为目的,为赌博提供条件的,或者参与赌博赌资较大的,处五日以下拘留或者五百元以下罚款;情节严重的,处十日以上十五日以下拘留,并处五百元以上三千元以下罚款。

第七十一条 【对涉及毒品原植物行为的处罚】有下列行为之一的,处十日以上十五日以下拘留,可以并处三千元以下罚款;情节较轻的,处五日以下拘留或者五百元以下罚款:

(一)非法种植罂粟不满五百株或者其他少量毒品原植物的;

(二)非法买卖、运输、携带、持有少量未经灭活的罂粟等毒品原植物种子或者幼苗的;

(三)非法运输、买卖、储存、使用少量罂粟壳的。

有前款第一项行为，在成熟前自行铲除的，不予处罚。

第七十二条 【对毒品违法行为的处罚】有下列行为之一的，处十日以上十五日以下拘留，可以并处二千元以下罚款；情节较轻的，处五日以下拘留或者五百元以下罚款：

（一）非法持有鸦片不满二百克、海洛因或者甲基苯丙胺不满十克或者其他少量毒品的；

（二）向他人提供毒品的；

（三）吸食、注射毒品的；

（四）胁迫、欺骗医务人员开具麻醉药品、精神药品的。

第七十三条 【对教唆、引诱、欺骗他人吸食、注射毒品行为的处罚】教唆、引诱、欺骗他人吸食、注射毒品的，处十日以上十五日以下拘留，并处五百元以上二千元以下罚款。

第七十四条 【对服务行业人员通风报信行为的处罚】旅馆业、饮食服务业、文化娱乐业、出租汽车业等单位的人员，在公安机关查处吸毒、赌博、卖淫、嫖娼活动时，为违法犯罪行为人通风报信的，处十日以上十五日以下拘留。

第七十五条 【对饲养动物违法行为的处罚】饲养动物，干扰他人正常生活的，处警告；警告后不改正的，或者放任动物恐吓他人的，处二百元以上五百元以下罚款。

驱使动物伤害他人的，依照本法第四十三条第一款的规定处罚。

第七十六条 【对屡教不改行为的处罚】有本法第六十七条、第六十八条、第七十条的行为，屡教不改的，可以按照国家规定采取强制性教育措施。

第四章 处罚程序

第一节 调 查

第七十七条 【受理治安案件须登记】公安机关对报案、控告、举报或者违反治安管理行为人主动投案，以及其他行政主管部门、司法机关移送的违反治安管理案件，应当及时受理，并进行登记。

第七十八条 【受理治安案件后的处理】公安机关受理报案、控告、举报、投案后，认为属于违反治安管理行为的，应当立即进行调查；认为不属于违反治安管理行为的，应当告知报案人、控告人、举报人、投案人，并说明理由。

第七十九条 【严禁非法取证】公安机关及其人民警察对治安案件的调查，应当依法进行。严禁刑讯逼供或者采用威胁、引诱、欺骗等非法手段收集证据。

以非法手段收集的证据不得作为处罚的根据。

第八十条 【公安机关的保密义务】公安机关及其人民警察在办理治安案件时，对涉及的国家秘密、商业秘密或者个人隐私，应当予以保密。

第八十一条 【关于回避的规定】人民警察在办理治安案件过程中，遇有下列情形之一的，应当回避；违反治安管理行为人、被侵害人或者其法定代理人也有权要求他们回避：

（一）是本案当事人或者当事人的近亲属的；

（二）本人或者其近亲属与本案有利害关系的；

（三）与本案当事人有其他关系，可能影响案件公正处理的。

人民警察的回避，由其所属的公安机关决定；公安机关负责人的回避，由上一级公安机关决定。

第八十二条 【关于传唤的规定】需要传唤违反治安管理行为人接受调查的，经公安机关办案部门负责人批准，使用传唤证传唤。对现场发现的违反治安管理行为人，人民警察经出示工作证件，可以口头传唤，但应当在询问笔录中注明。

公安机关应当将传唤的原因和依据告知被传唤人。对无正当理由不接受传唤或者逃避传唤的人，可以强制传唤。

第八十三条 【传唤后的询问期限与通知义务】对违反治安管理行为人，公安机关传唤后应当及时询问查证，询问查证的时间不得超过八小时；情况复杂，依照本法规定可能适用行政拘留处罚的，询问查证的时间不得超过二十四小时。

公安机关应当及时将传唤的原因和处所通知被传唤人家属。

第八十四条 【询问笔录、书面材料与询问不满十六周岁人的规定】询问笔录应当交被询问人核对；对没有阅读能力的，应当向其宣读。记载有遗漏或者差错的，被询问人可以提出补充或者更正。被询问人确认笔录无误后，应当签名或者盖章，询问的人民警察也应当在笔录上签名。

被询问人要求就被询问事项自行提供书面材料的，应当准许；必要时，人民警察也可以要求被询问人自行书写。

询问不满十六周岁的违反治安管理行为人，应当通知其父母或者其他监护人到场。

第八十五条 【询问被侵害人和其他证人的规定】人民警察询问被侵害人或者其他证人，可以到其所在单位或者住处进行；必要时，也可以通知其到公安机关提供证言。

人民警察在公安机关以外询问被侵害人或者其他证人，应当出示工作证件。

询问被侵害人或者其他证人，同时适用本法第八十四条的规定。

第八十六条 【询问中的语言帮助】询问聋哑的违反治安管理行为人、被侵害人或者其他证人，应当有通晓手语的人提供帮助，并在笔录上注明。

询问不通晓当地通用的语言文字的违反治安管理行为人、被侵害人或者其他证人，应当配备翻译人员，并在笔录上注明。

第八十七条 【检查时应遵守的程序】公安机关对与违反治安管理行为有关的场所、物品、人身可以进行检查。检查时，人民警察不得少于二人，并应当出示工作证件和县级以上人民政府公安机关开具的检查证明文件。对确有必要立即进行检查的，人民警察经出示工作证件，可以当场检查，但检查公民住所应当出示县级以上人民政府公安机关开具的检查证明文件。

检查妇女的身体，应当由女性工作人员进行。

第八十八条 【检查笔录的制作】检查的情况应当制作检查笔录，由检查人、被检查人和见证人签名或者盖章；被检查人拒绝签名的，人民警察应当在笔录上注明。

第八十九条　【关于扣押物品的规定】公安机关办理治安案件，对与案件有关的需要作为证据的物品，可以扣押；对被侵害人或者善意第三人合法占有的财产，不得扣押，应当予以登记。对与案件无关的物品，不得扣押。

对扣押的物品，应当会同在场见证人和被扣押物品持有人查点清楚，当场开列清单一式二份，由调查人员、见证人和持有人签名或者盖章，一份交给持有人，另一份附卷备查。

对扣押的物品，应当妥善保管，不得挪作他用；对不宜长期保存的物品，按照有关规定处理。经查明与案件无关的，应当及时退还；经核实属于他人合法财产的，应当登记后立即退还；满六个月无人对该财产主张权利或者无法查清权利人的，应当公开拍卖或者按照国家有关规定处理，所得款项上缴国库。

第九十条　【关于鉴定的规定】为了查明案情，需要解决案件中有争议的专门性问题的，应当指派或者聘请具有专门知识的人员进行鉴定；鉴定人鉴定后，应当写出鉴定意见，并且签名。

第二节　决　　定

第九十一条　【处罚的决定机关】治安管理处罚由县级以上人民政府公安机关决定；其中警告、五百元以下的罚款可以由公安派出所决定。

第九十二条　【行政拘留的折抵】对决定给予行政拘留处罚的人，在处罚前已经采取强制措施限制人身自由的时间，应当折抵。限制人身自由一日，折抵行政拘留一日。

第九十三条　【违反治安管理行为人的陈述与其他证据的关系】公安机关查处治安案件，对没有本人陈述，但其他证据能够证明案件事实的，可以作出治安管理处罚决定。但是，只有本人陈述，没有其他证据证明的，不能作出治安管理处罚决定。

第九十四条　【陈述与申辩权】公安机关作出治安管理处罚决

定前，应当告知违反治安管理行为人作出治安管理处罚的事实、理由及依据，并告知违反治安管理行为人依法享有的权利。

违反治安管理行为人有权陈述和申辩。公安机关必须充分听取违反治安管理行为人的意见，对违反治安管理行为人提出的事实、理由和证据，应当进行复核；违反治安管理行为人提出的事实、理由或者证据成立的，公安机关应当采纳。

公安机关不得因违反治安管理行为人的陈述、申辩而加重处罚。

第九十五条 【治安案件的处理】治安案件调查结束后，公安机关应当根据不同情况，分别作出以下处理：

（一）确有依法应当给予治安管理处罚的违法行为的，根据情节轻重及具体情况，作出处罚决定；

（二）依法不予处罚的，或者违法事实不能成立的，作出不予处罚决定；

（三）违法行为已涉嫌犯罪的，移送主管机关依法追究刑事责任；

（四）发现违反治安管理行为人有其他违法行为的，在对违反治安管理行为作出处罚决定的同时，通知有关行政主管部门处理。

第九十六条 【治安管理处罚决定书的内容】公安机关作出治安管理处罚决定的，应当制作治安管理处罚决定书。决定书应当载明下列内容：

（一）被处罚人的姓名、性别、年龄、身份证件的名称和号码、住址；

（二）违法事实和证据；

（三）处罚的种类和依据；

（四）处罚的执行方式和期限；

（五）对处罚决定不服，申请行政复议、提起行政诉讼的途径和期限；

（六）作出处罚决定的公安机关的名称和作出决定的日期。

决定书应当由作出处罚决定的公安机关加盖印章。

第九十七条 【宣告、送达、抄送】公安机关应当向被处罚人宣告治安管理处罚决定书，并当场交付被处罚人；无法当场向被处罚人宣告的,应当在二日内送达被处罚人。决定给予行政拘留处罚的,应当及时通知被处罚人的家属。

有被侵害人的,公安机关应当将决定书副本抄送被侵害人。

第九十八条 【听证】公安机关作出吊销许可证以及处二千元以上罚款的治安管理处罚决定前,应当告知违反治安管理行为人有权要求举行听证;违反治安管理行为人要求听证的,公安机关应当及时依法举行听证。

第九十九条 【期限】公安机关办理治安案件的期限,自受理之日起不得超过三十日;案情重大、复杂的,经上一级公安机关批准,可以延长三十日。

为了查明案情进行鉴定的期间,不计入办理治安案件的期限。

第一百条 【当场处罚】违反治安管理行为事实清楚,证据确凿,处警告或者二百元以下罚款的,可以当场作出治安管理处罚决定。

第一百零一条 【当场处罚决定程序】当场作出治安管理处罚决定的,人民警察应当向违反治安管理行为人出示工作证件,并填写处罚决定书。处罚决定书应当当场交付被处罚人;有被侵害人的,并将决定书副本抄送被侵害人。

前款规定的处罚决定书,应当载明被处罚人的姓名、违法行为、处罚依据、罚款数额、时间、地点以及公安机关名称,并由经办的人民警察签名或者盖章。

当场作出治安管理处罚决定的,经办的人民警察应当在二十四小时内报所属公安机关备案。

第一百零二条 【不服处罚提起的复议或诉讼】被处罚人对治安管理处罚决定不服的,可以依法申请行政复议或者提起行政诉讼。

第三节 执 行

第一百零三条 【行政拘留处罚的执行】对被决定给予行政拘留处罚的人,由作出决定的公安机关送达拘留所执行。

第一百零四条 【当场收缴罚款范围】受到罚款处罚的人应当

自收到处罚决定书之日起十五日内，到指定的银行缴纳罚款。但是，有下列情形之一的，人民警察可以当场收缴罚款：

（一）被处五十元以下罚款，被处罚人对罚款无异议的；

（二）在边远、水上、交通不便地区，公安机关及其人民警察依照本法的规定作出罚款决定后，被处罚人向指定的银行缴纳罚款确有困难，经被处罚人提出的；

（三）被处罚人在当地没有固定住所，不当场收缴事后难以执行的。

第一百零五条 【罚款交纳期限】人民警察当场收缴的罚款，应当自收缴罚款之日起二日内，交至所属的公安机关；在水上、旅客列车上当场收缴的罚款，应当自抵岸或者到站之日起二日内，交至所属的公安机关；公安机关应当自收到罚款之日起二日内将罚款缴付指定的银行。

第一百零六条 【罚款收据】人民警察当场收缴罚款的，应当向被处罚人出具省、自治区、直辖市人民政府财政部门统一制发的罚款收据；不出具统一制发的罚款收据的，被处罚人有权拒绝缴纳罚款。

第一百零七条 【暂缓执行行政拘留】被处罚人不服行政拘留处罚决定，申请行政复议、提起行政诉讼的，可以向公安机关提出暂缓执行行政拘留的申请。公安机关认为暂缓执行行政拘留不致发生社会危险的，由被处罚人或者其近亲属提出符合本法第一百零八条规定条件的担保人，或者按每日行政拘留二百元的标准交纳保证金，行政拘留的处罚决定暂缓执行。

第一百零八条 【担保人的条件】担保人应当符合下列条件：

（一）与本案无牵连；

（二）享有政治权利，人身自由未受到限制；

（三）在当地有常住户口和固定住所；

（四）有能力履行担保义务。

第一百零九条 【担保人的义务】担保人应当保证被担保人不逃避行政拘留处罚的执行。

担保人不履行担保义务，致使被担保人逃避行政拘留处罚的执行的，由公安机关对其处三千元以下罚款。

第一百一十条 【没收保证金】被决定给予行政拘留处罚的人交纳保证金,暂缓行政拘留后,逃避行政拘留处罚的执行的,保证金予以没收并上缴国库,已经作出的行政拘留决定仍应执行。

第一百一十一条 【退还保证金】行政拘留的处罚决定被撤销,或者行政拘留处罚开始执行的,公安机关收取的保证金应当及时退还交纳人。

第五章 执法监督

第一百一十二条 【执法原则】公安机关及其人民警察应当依法、公正、严格、高效办理治安案件,文明执法,不得徇私舞弊。

第一百一十三条 【禁止行为】公安机关及其人民警察办理治安案件,禁止对违反治安管理行为人打骂、虐待或者侮辱。

第一百一十四条 【社会监督】公安机关及其人民警察办理治安案件,应当自觉接受社会和公民的监督。

公安机关及其人民警察办理治安案件,不严格执法或者有违法违纪行为的,任何单位和个人都有权向公安机关或者人民检察院、行政监察机关检举、控告;收到检举、控告的机关,应当依据职责及时处理。

第一百一十五条 【罚缴分离原则】公安机关依法实施罚款处罚,应当依照有关法律、行政法规的规定,实行罚款决定与罚款收缴分离;收缴的罚款应当全部上缴国库。

第一百一十六条 【公安机关及其民警的行政责任和刑事责任】人民警察办理治安案件,有下列行为之一的,依法给予行政处分;构成犯罪的,依法追究刑事责任:

(一)刑讯逼供、体罚、虐待、侮辱他人的;

(二)超过询问查证的时间限制人身自由的;

(三)不执行罚款决定与罚款收缴分离制度或者不按规定将罚没的财物上缴国库或者依法处理的;

（四）私分、侵占、挪用、故意损毁收缴、扣押的财物的；

（五）违反规定使用或者不及时返还被侵害人财物的；

（六）违反规定不及时退还保证金的；

（七）利用职务上的便利收受他人财物或者谋取其他利益的；

（八）当场收缴罚款不出具罚款收据或者不如实填写罚款数额的；

（九）接到要求制止违反治安管理行为的报警后，不及时出警的；

（十）在查处违反治安管理活动时，为违法犯罪行为人通风报信的；

（十一）有徇私舞弊、滥用职权，不依法履行法定职责的其他情形的。

办理治安案件的公安机关有前款所列行为的，对直接负责的主管人员和其他直接责任人员给予相应的行政处分。

第一百一十七条　【赔偿责任】公安机关及其人民警察违法行使职权，侵犯公民、法人和其他组织合法权益的，应当赔礼道歉；造成损害的，应当依法承担赔偿责任。

第六章　附　　则

第一百一十八条　【"以上、以下、以内"的含义】本法所称以上、以下、以内，包括本数。

第一百一十九条　【生效日期】本法自2006年3月1日起施行。1986年9月5日公布、1994年5月12日修订公布的《中华人民共和国治安管理处罚条例》同时废止。

中华人民共和国禁毒法（节录）

（2007年12月29日第十届全国人民代表大会常务委员会第三十一次会议通过　2007年12月29日中华人民共和国主席令第79号公布　自2008年6月1日起施行）

……

第三章　毒品管制

第十九条　国家对麻醉药品药用原植物种植实行管制。禁止非法种植罂粟、古柯植物、大麻植物以及国家规定管制的可以用于提炼加工毒品的其他原植物。禁止走私或者非法买卖、运输、携带、持有未经灭活的毒品原植物种子或者幼苗。

地方各级人民政府发现非法种植毒品原植物的，应当立即采取措施予以制止、铲除。村民委员会、居民委员会发现非法种植毒品原植物的，应当及时予以制止、铲除，并向当地公安机关报告。

第二十条　国家确定的麻醉药品药用原植物种植企业，必须按照国家有关规定种植麻醉药品药用原植物。

国家确定的麻醉药品药用原植物种植企业的提取加工场所，以及国家设立的麻醉药品储存仓库，列为国家重点警戒目标。

未经许可，擅自进入国家确定的麻醉药品药用原植物种植企业的提取加工场所或者国家设立的麻醉药品储存仓库等警戒区域的，由警戒人员责令其立即离开；拒不离开的，强行带离现场。

第二十一条　国家对麻醉药品和精神药品实行管制，对麻醉药品和精神药品的实验研究、生产、经营、使用、储存、运输实行许可和查验制度。

国家对易制毒化学品的生产、经营、购买、运输实行许可制度。

禁止非法生产、买卖、运输、储存、提供、持有、使用麻醉药品、精神药品和易制毒化学品。

第二十二条 国家对麻醉药品、精神药品和易制毒化学品的进口、出口实行许可制度。国务院有关部门应当按照规定的职责，对进口、出口麻醉药品、精神药品和易制毒化学品依法进行管理。禁止走私麻醉药品、精神药品和易制毒化学品。

第二十三条 发生麻醉药品、精神药品和易制毒化学品被盗、被抢、丢失或者其他流入非法渠道的情形，案发单位应当立即采取必要的控制措施，并立即向公安机关报告，同时依照规定向有关主管部门报告。

公安机关接到报告后，或者有证据证明麻醉药品、精神药品和易制毒化学品可能流入非法渠道的，应当及时开展调查，并可以对相关单位采取必要的控制措施。药品监督管理部门、卫生行政部门以及其他有关部门应当配合公安机关开展工作。

第二十四条 禁止非法传授麻醉药品、精神药品和易制毒化学品的制造方法。公安机关接到举报或者发现非法传授麻醉药品、精神药品和易制毒化学品制造方法的，应当及时依法查处。

第二十五条 麻醉药品、精神药品和易制毒化学品管理的具体办法，由国务院规定。

第二十六条 公安机关根据查缉毒品的需要，可以在边境地区、交通要道、口岸以及飞机场、火车站、长途汽车站、码头对来往人员、物品、货物以及交通工具进行毒品和易制毒化学品检查，民航、铁路、交通部门应当予以配合。

海关应当依法加强对进出口岸的人员、物品、货物和运输工具的检查，防止走私毒品和易制毒化学品。

邮政企业应当依法加强对邮件的检查，防止邮寄毒品和非法邮寄易制毒化学品。

第二十七条 娱乐场所应当建立巡查制度，发现娱乐场所内有毒品违法犯罪活动的，应当立即向公安机关报告。

第二十八条 对依法查获的毒品，吸食、注射毒品的用具，毒品违法犯罪的非法所得及其收益，以及直接用于实施毒品违法犯罪行为的本人所有的工具、设备、资金，应当收缴，依照规定处理。

第二十九条 反洗钱行政主管部门应当依法加强对可疑毒品犯罪资金的监测。反洗钱行政主管部门和其他依法负有反洗钱监督管理职责的部门、机构发现涉嫌毒品犯罪的资金流动情况，应当及时向侦查机关报告，并配合侦查机关做好侦查、调查工作。

第三十条 国家建立健全毒品监测和禁毒信息系统，开展毒品监测和禁毒信息的收集、分析、使用、交流工作。

第四章 戒毒措施

第三十一条 国家采取各种措施帮助吸毒人员戒除毒瘾，教育和挽救吸毒人员。

吸毒成瘾人员应当进行戒毒治疗。

吸毒成瘾的认定办法，由国务院卫生行政部门、药品监督管理部门、公安部门规定。

第三十二条 公安机关可以对涉嫌吸毒的人员进行必要的检测，被检测人员应当予以配合；对拒绝接受检测的，经县级以上人民政府公安机关或者其派出机构负责人批准，可以强制检测。

公安机关应当对吸毒人员进行登记。

第三十三条 对吸毒成瘾人员，公安机关可以责令其接受社区戒毒，同时通知吸毒人员户籍所在地或者现居住地的城市街道办事处、乡镇人民政府。社区戒毒的期限为三年。

戒毒人员应当在户籍所在地接受社区戒毒；在户籍所在地以外的现居住地有固定住所的，可以在现居住地接受社区戒毒。

第三十四条 城市街道办事处、乡镇人民政府负责社区戒毒工作。城市街道办事处、乡镇人民政府可以指定有关基层组织，根据戒毒人员本人和家庭情况，与戒毒人员签订社区戒毒协议，落实有针对性的社区戒毒措施。公安机关和司法行政、卫生行政、民政等部门应当对社区戒毒工作提供指导和协助。

城市街道办事处、乡镇人民政府，以及县级人民政府劳动行政部门对无职业且缺乏就业能力的戒毒人员，应当提供必要的职业技能培训、就业指导和就业援助。

第三十五条 接受社区戒毒的戒毒人员应当遵守法律、法规，自觉履行社区戒毒协议，并根据公安机关的要求，定期接受检测。

对违反社区戒毒协议的戒毒人员，参与社区戒毒的工作人员应当进行批评、教育；对严重违反社区戒毒协议或者在社区戒毒期间又吸食、注射毒品的，应当及时向公安机关报告。

第三十六条 吸毒人员可以自行到具有戒毒治疗资质的医疗机构接受戒毒治疗。

设置戒毒医疗机构或者医疗机构从事戒毒治疗业务的，应当符合国务院卫生行政部门规定的条件，报所在地的省、自治区、直辖市人民政府卫生行政部门批准，并报同级公安机关备案。戒毒治疗应当遵守国务院卫生行政部门制定的戒毒治疗规范，接受卫生行政部门的监督检查。

戒毒治疗不得以营利为目的。戒毒治疗的药品、医疗器械和治疗方法不得做广告。戒毒治疗收取费用的，应当按照省、自治区、直辖市人民政府价格主管部门会同卫生行政部门制定的收费标准执行。

第三十七条 医疗机构根据戒毒治疗的需要，可以对接受戒毒治疗的戒毒人员进行身体和所携带物品的检查；对在治疗期间有人身危险的，可以采取必要的临时保护性约束措施。

发现接受戒毒治疗的戒毒人员在治疗期间吸食、注射毒品的，医疗机构应当及时向公安机关报告。

第三十八条 吸毒成瘾人员有下列情形之一的，由县级以上人民政府公安机关作出强制隔离戒毒的决定：

（一）拒绝接受社区戒毒的；

（二）在社区戒毒期间吸食、注射毒品的；

（三）严重违反社区戒毒协议的；

（四）经社区戒毒、强制隔离戒毒后再次吸食、注射毒品的。

对于吸毒成瘾严重,通过社区戒毒难以戒除毒瘾的人员,公安机关可以直接作出强制隔离戒毒的决定。

吸毒成瘾人员自愿接受强制隔离戒毒的,经公安机关同意,可以进入强制隔离戒毒场所戒毒。

第三十九条 怀孕或者正在哺乳自己不满一周岁婴儿的妇女吸毒成瘾的,不适用强制隔离戒毒。不满十六周岁的未成年人吸毒成瘾的,可以不适用强制隔离戒毒。

对依照前款规定不适用强制隔离戒毒的吸毒成瘾人员,依照本法规定进行社区戒毒,由负责社区戒毒工作的城市街道办事处、乡镇人民政府加强帮助、教育和监督,督促落实社区戒毒措施。

第四十条 公安机关对吸毒成瘾人员决定予以强制隔离戒毒的,应当制作强制隔离戒毒决定书,在执行强制隔离戒毒前送达被决定人,并在送达后二十四小时以内通知被决定人的家属、所在单位和户籍所在地公安派出所;被决定人不讲真实姓名、住址,身份不明的,公安机关应当自查清其身份后通知。

被决定人对公安机关作出的强制隔离戒毒决定不服的,可以依法申请行政复议或者提起行政诉讼。

第四十一条 对被决定予以强制隔离戒毒的人员,由作出决定的公安机关送强制隔离戒毒场所执行。

强制隔离戒毒场所的设置、管理体制和经费保障,由国务院规定。

第四十二条 戒毒人员进入强制隔离戒毒场所戒毒时,应当接受对其身体和所携带物品的检查。

第四十三条 强制隔离戒毒场所应当根据戒毒人员吸食、注射毒品的种类及成瘾程度等,对戒毒人员进行有针对性的生理、心理治疗和身体康复训练。

根据戒毒的需要,强制隔离戒毒场所可以组织戒毒人员参加必要的生产劳动,对戒毒人员进行职业技能培训。组织戒毒人员参加生产劳动的,应当支付劳动报酬。

第四十四条 强制隔离戒毒场所应当根据戒毒人员的性别、年龄、患病等情况,对戒毒人员实行分别管理。

强制隔离戒毒场所对有严重残疾或者疾病的戒毒人员，应当给予必要的看护和治疗；对患有传染病的戒毒人员，应当依法采取必要的隔离、治疗措施；对可能发生自伤、自残等情形的戒毒人员，可以采取相应的保护性约束措施。

强制隔离戒毒场所管理人员不得体罚、虐待或者侮辱戒毒人员。

第四十五条 强制隔离戒毒场所应当根据戒毒治疗的需要配备执业医师。强制隔离戒毒场所的执业医师具有麻醉药品和精神药品处方权的，可以按照有关技术规范对戒毒人员使用麻醉药品、精神药品。

卫生行政部门应当加强对强制隔离戒毒场所执业医师的业务指导和监督管理。

第四十六条 戒毒人员的亲属和所在单位或者就读学校的工作人员，可以按照有关规定探访戒毒人员。戒毒人员经强制隔离戒毒场所批准，可以外出探视配偶、直系亲属。

强制隔离戒毒场所管理人员应当对强制隔离戒毒场所以外的人员交给戒毒人员的物品和邮件进行检查，防止夹带毒品。在检查邮件时，应当依法保护戒毒人员的通信自由和通信秘密。

第四十七条 强制隔离戒毒的期限为二年。

执行强制隔离戒毒一年后，经诊断评估，对于戒毒情况良好的戒毒人员，强制隔离戒毒场所可以提出提前解除强制隔离戒毒的意见，报强制隔离戒毒的决定机关批准。

强制隔离戒毒期满前，经诊断评估，对于需要延长戒毒期限的戒毒人员，由强制隔离戒毒场所提出延长戒毒期限的意见，报强制隔离戒毒的决定机关批准。强制隔离戒毒的期限最长可以延长一年。

第四十八条 对于被解除强制隔离戒毒的人员，强制隔离戒毒的决定机关可以责令其接受不超过三年的社区康复。

社区康复参照本法关于社区戒毒的规定实施。

第四十九条 县级以上地方各级人民政府根据戒毒工作的需要，可以开办戒毒康复场所；对社会力量依法开办的公益性戒毒康复场所应当给予扶持，提供必要的便利和帮助。

戒毒人员可以自愿在戒毒康复场所生活、劳动。戒毒康复场所组织戒毒人员参加生产劳动的,应当参照国家劳动用工制度的规定支付劳动报酬。

第五十条 公安机关、司法行政部门对被依法拘留、逮捕、收监执行刑罚以及被依法采取强制性教育措施的吸毒人员,应当给予必要的戒毒治疗。

第五十一条 省、自治区、直辖市人民政府卫生行政部门会同公安机关、药品监督管理部门依照国家有关规定,根据巩固戒毒成果的需要和本行政区域艾滋病流行情况,可以组织开展戒毒药物维持治疗工作。

第五十二条 戒毒人员在入学、就业、享受社会保障等方面不受歧视。有关部门、组织和人员应当在入学、就业、享受社会保障等方面对戒毒人员给予必要的指导和帮助。

……

第六章 法律责任

第五十九条 有下列行为之一,构成犯罪的,依法追究刑事责任;尚不构成犯罪的,依法给予治安管理处罚:

(一)走私、贩卖、运输、制造毒品的;

(二)非法持有毒品的;

(三)非法种植毒品原植物的;

(四)非法买卖、运输、携带、持有未经灭活的毒品原植物种子或者幼苗的;

(五)非法传授麻醉药品、精神药品或者易制毒化学品制造方法的;

(六)强迫、引诱、教唆、欺骗他人吸食、注射毒品的;

(七)向他人提供毒品的。

第六十条 有下列行为之一,构成犯罪的,依法追究刑事责任;尚不构成犯罪的,依法给予治安管理处罚:

(一)包庇走私、贩卖、运输、制造毒品的犯罪分子,以及为犯罪分子窝藏、转移、隐瞒毒品或者犯罪所得财物的；

（二）在公安机关查处毒品违法犯罪活动时为违法犯罪行为人通风报信的；

（三）阻碍依法进行毒品检查的；

（四）隐藏、转移、变卖或者损毁司法机关、行政执法机关依法扣押、查封、冻结的涉及毒品违法犯罪活动的财物的。

第六十一条 容留他人吸食、注射毒品或者介绍买卖毒品，构成犯罪的，依法追究刑事责任；尚不构成犯罪的，由公安机关处十日以上十五日以下拘留，可以并处三千元以下罚款；情节较轻的，处五日以下拘留或者五百元以下罚款。

第六十二条 吸食、注射毒品的，依法给予治安管理处罚。吸毒人员主动到公安机关登记或者到有资质的医疗机构接受戒毒治疗的，不予处罚。

第六十三条 在麻醉药品、精神药品的实验研究、生产、经营、使用、储存、运输、进口、出口以及麻醉药品药用原植物种植活动中，违反国家规定，致使麻醉药品、精神药品或者麻醉药品药用原植物流入非法渠道，构成犯罪的，依法追究刑事责任；尚不构成犯罪的，依照有关法律、行政法规的规定给予处罚。

第六十四条 在易制毒化学品的生产、经营、购买、运输或者进口、出口活动中，违反国家规定，致使易制毒化学品流入非法渠道，构成犯罪的，依法追究刑事责任；尚不构成犯罪的，依照有关法律、行政法规的规定给予处罚。

第六十五条 娱乐场所及其从业人员实施毒品违法犯罪行为，或者为进入娱乐场所的人员实施毒品违法犯罪行为提供条件，构成犯罪的，依法追究刑事责任；尚不构成犯罪的，依照有关法律、行政法规的规定给予处罚。

娱乐场所经营管理人员明知场所内发生聚众吸食、注射毒品或者贩毒活动，不向公安机关报告的，依照前款的规定给予处罚。

第六十六条 未经批准，擅自从事戒毒治疗业务的，由卫生行政部门责令停止违法业务活动，没收违法所得和使用的药品、医疗器械等物品；构成犯罪的，依法追究刑事责任。

第六十七条 戒毒医疗机构发现接受戒毒治疗的戒毒人员在治疗期间吸食、注射毒品，不向公安机关报告的，由卫生行政部门责令改正；情节严重的，责令停业整顿。

第六十八条 强制隔离戒毒场所、医疗机构、医师违反规定使用麻醉药品、精神药品，构成犯罪的，依法追究刑事责任；尚不构成犯罪的，依照有关法律、行政法规的规定给予处罚。

第六十九条 公安机关、司法行政部门或者其他有关主管部门的工作人员在禁毒工作中有下列行为之一，构成犯罪的，依法追究刑事责任；尚不构成犯罪的，依法给予处分：

（一）包庇、纵容毒品违法犯罪人员的；

（二）对戒毒人员有体罚、虐待、侮辱等行为的；

（三）挪用、截留、克扣禁毒经费的；

（四）擅自处分查获的毒品和扣押、查封、冻结的涉及毒品违法犯罪活动的财物的。

第七十条 有关单位及其工作人员在入学、就业、享受社会保障等方面歧视戒毒人员的，由教育行政部门、劳动行政部门责令改正；给当事人造成损失的，依法承担赔偿责任。

……

国有土地上房屋征收与补偿条例

（2011年1月19日国务院第141次常务会议通过 2011年1月21日中华人民共和国国务院令第590号公布 自公布之日起施行）

第一章 总 则

第一条 【立法目的】为了规范国有土地上房屋征收与补偿活

动，维护公共利益，保障被征收房屋所有权人的合法权益，制定本条例。

第二条 【适用范围】为了公共利益的需要，征收国有土地上单位、个人的房屋，应当对被征收房屋所有权人（以下称被征收人）给予公平补偿。

第三条 【基本原则】房屋征收与补偿应当遵循决策民主、程序正当、结果公开的原则。

第四条 【行政管辖】市、县级人民政府负责本行政区域的房屋征收与补偿工作。

市、县级人民政府确定的房屋征收部门（以下称房屋征收部门）组织实施本行政区域的房屋征收与补偿工作。

市、县级人民政府有关部门应当依照本条例的规定和本级人民政府规定的职责分工，互相配合，保障房屋征收与补偿工作的顺利进行。

第五条 【房屋征收实施单位】房屋征收部门可以委托房屋征收实施单位，承担房屋征收与补偿的具体工作。房屋征收实施单位不得以营利为目的。

房屋征收部门对房屋征收实施单位在委托范围内实施的房屋征收与补偿行为负责监督，并对其行为后果承担法律责任。

第六条 【主管部门】上级人民政府应当加强对下级人民政府房屋征收与补偿工作的监督。

国务院住房城乡建设主管部门和省、自治区、直辖市人民政府住房城乡建设主管部门应当会同同级财政、国土资源、发展改革等有关部门，加强对房屋征收与补偿实施工作的指导。

第七条 【举报与监察】任何组织和个人对违反本条例规定的行为，都有权向有关人民政府、房屋征收部门和其他有关部门举报。接到举报的有关人民政府、房屋征收部门和其他有关部门对举报应当及时核实、处理。

监察机关应当加强对参与房屋征收与补偿工作的政府和有关部门或者单位及其工作人员的监察。

第二章 征收决定

第八条 【征收情形】 为了保障国家安全、促进国民经济和社会发展等公共利益的需要，有下列情形之一，确需征收房屋的，由市、县级人民政府作出房屋征收决定：

（一）国防和外交的需要；

（二）由政府组织实施的能源、交通、水利等基础设施建设的需要；

（三）由政府组织实施的科技、教育、文化、卫生、体育、环境和资源保护、防灾减灾、文物保护、社会福利、市政公用等公共事业的需要；

（四）由政府组织实施的保障性安居工程建设的需要；

（五）由政府依照城乡规划法有关规定组织实施的对危房集中、基础设施落后等地段进行旧城区改建的需要；

（六）法律、行政法规规定的其他公共利益的需要。

第九条 【征收相关建设的要求】 依照本条例第八条规定，确需征收房屋的各项建设活动，应当符合国民经济和社会发展规划、土地利用总体规划、城乡规划和专项规划。保障性安居工程建设、旧城区改建，应当纳入市、县级国民经济和社会发展年度计划。

制定国民经济和社会发展规划、土地利用总体规划、城乡规划和专项规划，应当广泛征求社会公众意见，经过科学论证。

第十条 【征收补偿方案】 房屋征收部门拟定征收补偿方案，报市、县级人民政府。

市、县级人民政府应当组织有关部门对征收补偿方案进行论证并予以公布，征求公众意见。征求意见期限不得少于30日。

第十一条 【旧城区改建】 市、县级人民政府应当将征求意见情况和根据公众意见修改的情况及时公布。

因旧城区改建需要征收房屋，多数被征收人认为征收补偿方案不符合本条例规定的，市、县级人民政府应当组织由被征收人和公众代表参加的听证会，并根据听证会情况修改方案。

第十二条 【社会稳定风险评估】市、县级人民政府作出房屋征收决定前，应当按照有关规定进行社会稳定风险评估；房屋征收决定涉及被征收人数量较多的，应当经政府常务会议讨论决定。

作出房屋征收决定前，征收补偿费用应当足额到位、专户存储、专款专用。

第十三条 【征收公告】市、县级人民政府作出房屋征收决定后应当及时公告。公告应当载明征收补偿方案和行政复议、行政诉讼权利等事项。

市、县级人民政府及房屋征收部门应当做好房屋征收与补偿的宣传、解释工作。

房屋被依法征收的，国有土地使用权同时收回。

第十四条 【征收复议与诉讼】被征收人对市、县级人民政府作出的房屋征收决定不服的，可以依法申请行政复议，也可以依法提起行政诉讼。

第十五条 【征收调查登记】房屋征收部门应当对房屋征收范围内房屋的权属、区位、用途、建筑面积等情况组织调查登记，被征收人应当予以配合。调查结果应当在房屋征收范围内向被征收人公布。

第十六条 【房屋征收范围确定】房屋征收范围确定后，不得在房屋征收范围内实施新建、扩建、改建房屋和改变房屋用途等不当增加补偿费用的行为；违反规定实施的，不予补偿。

房屋征收部门应当将前款所列事项书面通知有关部门暂停办理相关手续。暂停办理相关手续的书面通知应当载明暂停期限。暂停期限最长不得超过 1 年。

第三章 补 偿

第十七条 【征收补偿范围】作出房屋征收决定的市、县级人民政府对被征收人给予的补偿包括：

（一）被征收房屋价值的补偿；
（二）因征收房屋造成的搬迁、临时安置的补偿；
（三）因征收房屋造成的停产停业损失的补偿。

市、县级人民政府应当制定补助和奖励办法，对被征收人给予补助和奖励。

第十八条　【涉及住房保障情形的征收】 征收个人住宅，被征收人符合住房保障条件的，作出房屋征收决定的市、县级人民政府应当优先给予住房保障。具体办法由省、自治区、直辖市制定。

第十九条　【被征收房屋价值的补偿】 对被征收房屋价值的补偿，不得低于房屋征收决定公告之日被征收房屋类似房地产的市场价格。被征收房屋的价值，由具有相应资质的房地产价格评估机构按照房屋征收评估办法评估确定。

对评估确定的被征收房屋价值有异议的，可以向房地产价格评估机构申请复核评估。对复核结果有异议的，可以向房地产价格评估专家委员会申请鉴定。

房屋征收评估办法由国务院住房城乡建设主管部门制定，制定过程中，应当向社会公开征求意见。

第二十条　【房地产价格评估机构】 房地产价格评估机构由被征收人协商选定；协商不成的，通过多数决定、随机选定等方式确定，具体办法由省、自治区、直辖市制定。

房地产价格评估机构应当独立、客观、公正地开展房屋征收评估工作，任何单位和个人不得干预。

第二十一条　【产权调换】 被征收人可以选择货币补偿，也可以选择房屋产权调换。

被征收人选择房屋产权调换的，市、县级人民政府应当提供用于产权调换的房屋，并与被征收人计算、结清被征收房屋价值与用于产权调换房屋价值的差价。

因旧城区改建征收个人住宅，被征收人选择在改建地段进行房屋产权调换的，作出房屋征收决定的市、县级人民政府应当提供改建地段或者就近地段的房屋。

第二十二条 【搬迁与临时安置】因征收房屋造成搬迁的,房屋征收部门应当向被征收人支付搬迁费;选择房屋产权调换的,产权调换房屋交付前,房屋征收部门应当向被征收人支付临时安置费或者提供周转用房。

第二十三条 【停产停业损失的补偿】对因征收房屋造成停产停业损失的补偿,根据房屋被征收前的效益、停产停业期限等因素确定。具体办法由省、自治区、直辖市制定。

第二十四条 【临时建筑】市、县级人民政府及其有关部门应当依法加强对建设活动的监督管理,对违反城乡规划进行建设的,依法予以处理。

市、县级人民政府作出房屋征收决定前,应当组织有关部门依法对征收范围内未经登记的建筑进行调查、认定和处理。对认定为合法建筑和未超过批准期限的临时建筑的,应当给予补偿;对认定为违法建筑和超过批准期限的临时建筑的,不予补偿。

第二十五条 【补偿协议】房屋征收部门与被征收人依照本条例的规定,就补偿方式、补偿金额和支付期限、用于产权调换房屋的地点和面积、搬迁费、临时安置费或者周转用房、停产停业损失、搬迁期限、过渡方式和过渡期限等事项,订立补偿协议。

补偿协议订立后,一方当事人不履行补偿协议约定的义务的,另一方当事人可以依法提起诉讼。

第二十六条 【补偿决定】房屋征收部门与被征收人在征收补偿方案确定的签约期限内达不成补偿协议,或者被征收房屋所有权人不明确的,由房屋征收部门报请作出房屋征收决定的市、县级人民政府依照本条例的规定,按照征收补偿方案作出补偿决定,并在房屋征收范围内予以公告。

补偿决定应当公平,包括本条例第二十五条第一款规定的有关补偿协议的事项。

被征收人对补偿决定不服的,可以依法申请行政复议,也可以依法提起行政诉讼。

第二十七条 【先补偿后搬迁】实施房屋征收应当先补偿、后搬迁。

作出房屋征收决定的市、县级人民政府对被征收人给予补偿后，被征收人应当在补偿协议约定或者补偿决定确定的搬迁期限内完成搬迁。

任何单位和个人不得采取暴力、威胁或者违反规定中断供水、供热、供气、供电和道路通行等非法方式迫使被征收人搬迁。禁止建设单位参与搬迁活动。

第二十八条 【依法申请法院强制执行】被征收人在法定期限内不申请行政复议或者不提起行政诉讼，在补偿决定规定的期限内又不搬迁的，由作出房屋征收决定的市、县级人民政府依法申请人民法院强制执行。

强制执行申请书应当附具补偿金额和专户存储账号、产权调换房屋和周转用房的地点和面积等材料。

第二十九条 【征收补偿档案与审计监督】房屋征收部门应当依法建立房屋征收补偿档案，并将分户补偿情况在房屋征收范围内向被征收人公布。

审计机关应当加强对征收补偿费用管理和使用情况的监督，并公布审计结果。

第四章 法律责任

第三十条 【玩忽职守等法律责任】市、县级人民政府及房屋征收部门的工作人员在房屋征收与补偿工作中不履行本条例规定的职责，或者滥用职权、玩忽职守、徇私舞弊的，由上级人民政府或者本级人民政府责令改正，通报批评；造成损失的，依法承担赔偿责任；对直接负责的主管人员和其他直接责任人员，依法给予处分；构成犯罪的，依法追究刑事责任。

第三十一条 【暴力等非法搬迁法律责任】采取暴力、威胁或者违反规定中断供水、供热、供气、供电和道路通行等非法方式迫使被征收人搬迁，造成损失的，依法承担赔偿责任；对直接负责的主管人员和其他直接责任人员，构成犯罪的，依法追究刑事责任；尚不构成犯罪的，依法给予处分；构成违反治安管理行为的，依法给予治安管理处罚。

第三十二条 【非法阻碍征收与补偿工作法律责任】采取暴力、威胁等方法阻碍依法进行的房屋征收与补偿工作，构成犯罪的，依法追究刑事责任；构成违反治安管理行为的，依法给予治安管理处罚。

第三十三条 【贪污、挪用等法律责任】贪污、挪用、私分、截留、拖欠征收补偿费用的，责令改正，追回有关款项，限期退还违法所得，对有关责任单位通报批评、给予警告；造成损失的，依法承担赔偿责任；对直接负责的主管人员和其他直接责任人员，构成犯罪的，依法追究刑事责任；尚不构成犯罪的，依法给予处分。

第三十四条 【违法评估法律责任】房地产价格评估机构或者房地产估价师出具虚假或者有重大差错的评估报告的，由发证机关责令限期改正，给予警告，对房地产价格评估机构并处5万元以上20万元以下罚款，对房地产估价师并处1万元以上3万元以下罚款，并记入信用档案；情节严重的，吊销资质证书、注册证书；造成损失的，依法承担赔偿责任；构成犯罪的，依法追究刑事责任。

第五章 附 则

第三十五条 【施行日期】本条例自公布之日起施行。2001年6月13日国务院公布的《城市房屋拆迁管理条例》同时废止。本条例施行前已依法取得房屋拆迁许可证的项目，继续沿用原有的规定办理，但政府不得责成有关部门强制拆迁。

戒毒条例

（2011年6月26日中华人民共和国国务院令第597号公布　根据2018年9月18日《国务院关于修改部分行政法规的决定》修订）

第一章　总　　则

第一条　为了规范戒毒工作，帮助吸毒成瘾人员戒除毒瘾，维护社会秩序，根据《中华人民共和国禁毒法》，制定本条例。

第二条　县级以上人民政府应当建立政府统一领导，禁毒委员会组织、协调、指导，有关部门各负其责，社会力量广泛参与的戒毒工作体制。

戒毒工作坚持以人为本、科学戒毒、综合矫治、关怀救助的原则，采取自愿戒毒、社区戒毒、强制隔离戒毒、社区康复等多种措施，建立戒毒治疗、康复指导、救助服务兼备的工作体系。

第三条　县级以上人民政府应当按照国家有关规定将戒毒工作所需经费列入本级财政预算。

第四条　县级以上地方人民政府设立的禁毒委员会可以组织公安机关、卫生行政和负责药品监督管理的部门开展吸毒监测、调查，并向社会公布监测、调查结果。

县级以上地方人民政府公安机关负责对涉嫌吸毒人员进行检测，对吸毒人员进行登记并依法实行动态管控，依法责令社区戒毒、决定强制隔离戒毒、责令社区康复，管理公安机关的强制隔离戒毒场所、戒毒康复场所，对社区戒毒、社区康复工作提供指导和支持。

设区的市级以上地方人民政府司法行政部门负责管理司法行政部门的强制隔离戒毒场所、戒毒康复场所，对社区戒毒、社区康复工作提供指导和支持。

县级以上地方人民政府卫生行政部门负责戒毒医疗机构的监督管理，会同公安机关、司法行政等部门制定戒毒医疗机构设置规划，对戒毒医疗服务提供指导和支持。

县级以上地方人民政府民政、人力资源社会保障、教育等部门依据各自的职责，对社区戒毒、社区康复工作提供康复和职业技能培训等指导和支持。

第五条 乡（镇）人民政府、城市街道办事处负责社区戒毒、社区康复工作。

第六条 县级、设区的市级人民政府需要设置强制隔离戒毒场所、戒毒康复场所的，应当合理布局，报省、自治区、直辖市人民政府批准，并纳入当地国民经济和社会发展规划。

强制隔离戒毒场所、戒毒康复场所的建设标准，由国务院建设部门、发展改革部门会同国务院公安部门、司法行政部门制定。

第七条 戒毒人员在入学、就业、享受社会保障等方面不受歧视。

对戒毒人员戒毒的个人信息应当依法予以保密。对戒断3年未复吸的人员，不再实行动态管控。

第八条 国家鼓励、扶持社会组织、企业、事业单位和个人参与戒毒科研、戒毒社会服务和戒毒社会公益事业。

对在戒毒工作中有显著成绩和突出贡献的，按照国家有关规定给予表彰、奖励。

第二章　自　愿　戒　毒

第九条 国家鼓励吸毒成瘾人员自行戒除毒瘾。吸毒人员可以自行到戒毒医疗机构接受戒毒治疗。对自愿接受戒毒治疗的吸毒人员，公安机关对其原吸毒行为不予处罚。

第十条 戒毒医疗机构应当与自愿戒毒人员或者其监护人签订自愿戒毒协议，就戒毒方法、戒毒期限、戒毒的个人信息保密、戒毒人员应当遵守的规章制度、终止戒毒治疗的情形等作出约定，并应当载明戒毒疗效、戒毒治疗风险。

第十一条 戒毒医疗机构应当履行下列义务：

（一）对自愿戒毒人员开展艾滋病等传染病的预防、咨询教育；

（二）对自愿戒毒人员采取脱毒治疗、心理康复、行为矫治等多种治疗措施，并应当符合国务院卫生行政部门制定的戒毒治疗规范；

（三）采用科学、规范的诊疗技术和方法，使用的药物、医院制剂、医疗器械应当符合国家有关规定；

（四）依法加强药品管理，防止麻醉药品、精神药品流失滥用。

第十二条 符合参加戒毒药物维持治疗条件的戒毒人员，由本人申请，并经登记，可以参加戒毒药物维持治疗。登记参加戒毒药物维持治疗的戒毒人员的信息应当及时报公安机关备案。

戒毒药物维持治疗的管理办法，由国务院卫生行政部门会同国务院公安部门、药品监督管理部门制定。

第三章　社　区　戒　毒

第十三条 对吸毒成瘾人员，县级、设区的市级人民政府公安机关可以责令其接受社区戒毒，并出具责令社区戒毒决定书，送达本人及其家属，通知本人户籍所在地或者现居住地乡（镇）人民政府、城市街道办事处。

第十四条 社区戒毒人员应当自收到责令社区戒毒决定书之日起15日内到社区戒毒执行地乡（镇）人民政府、城市街道办事处报到，无正当理由逾期不报到的，视为拒绝接受社区戒毒。

社区戒毒的期限为3年，自报到之日起计算。

第十五条 乡（镇）人民政府、城市街道办事处应当根据工作需要成立社区戒毒工作领导小组，配备社区戒毒专职工作人员，制定社区戒毒工作计划，落实社区戒毒措施。

第十六条 乡（镇）人民政府、城市街道办事处，应当在社区戒毒人员报到后及时与其签订社区戒毒协议，明确社区戒毒的具体措施、社区戒毒人员应当遵守的规定以及违反社区戒毒协议应承担的责任。

第十七条　社区戒毒专职工作人员、社区民警、社区医务人员、社区戒毒人员的家庭成员以及禁毒志愿者共同组成社区戒毒工作小组具体实施社区戒毒。

第十八条　乡（镇）人民政府、城市街道办事处和社区戒毒工作小组应当采取下列措施管理、帮助社区戒毒人员：

（一）戒毒知识辅导；

（二）教育、劝诫；

（三）职业技能培训，职业指导，就学、就业、就医援助；

（四）帮助戒毒人员戒除毒瘾的其他措施。

第十九条　社区戒毒人员应当遵守下列规定：

（一）履行社区戒毒协议；

（二）根据公安机关的要求，定期接受检测；

（三）离开社区戒毒执行地所在县（市、区）3日以上的，须书面报告。

第二十条　社区戒毒人员在社区戒毒期间，逃避或者拒绝接受检测3次以上，擅自离开社区戒毒执行地所在县（市、区）3次以上或者累计超过30日的，属于《中华人民共和国禁毒法》规定的"严重违反社区戒毒协议"。

第二十一条　社区戒毒人员拒绝接受社区戒毒，在社区戒毒期间又吸食、注射毒品，以及严重违反社区戒毒协议的，社区戒毒专职工作人员应当及时向当地公安机关报告。

第二十二条　社区戒毒人员的户籍所在地或者现居住地发生变化，需要变更社区戒毒执行地的，社区戒毒执行地乡（镇）人民政府、城市街道办事处应当将有关材料转送至变更后的乡（镇）人民政府、城市街道办事处。

社区戒毒人员应当自社区戒毒执行地变更之日起15日内前往变更后的乡（镇）人民政府、城市街道办事处报到，社区戒毒时间自报到之日起连续计算。

变更后的乡（镇）人民政府、城市街道办事处，应当按照本条例第十六条的规定，与社区戒毒人员签订新的社区戒毒协议，继续执行社区戒毒。

第二十三条 社区戒毒自期满之日起解除。社区戒毒执行地公安机关应当出具解除社区戒毒通知书送达社区戒毒人员本人及其家属，并在7日内通知社区戒毒执行地乡（镇）人民政府、城市街道办事处。

第二十四条 社区戒毒人员被依法收监执行刑罚、采取强制性教育措施的，社区戒毒终止。

社区戒毒人员被依法拘留、逮捕的，社区戒毒中止，由羁押场所给予必要的戒毒治疗，释放后继续接受社区戒毒。

第四章 强制隔离戒毒

第二十五条 吸毒成瘾人员有《中华人民共和国禁毒法》第三十八条第一款所列情形之一的，由县级、设区的市级人民政府公安机关作出强制隔离戒毒的决定。

对于吸毒成瘾严重，通过社区戒毒难以戒除毒瘾的人员，县级、设区的市级人民政府公安机关可以直接作出强制隔离戒毒的决定。

吸毒成瘾人员自愿接受强制隔离戒毒的，经强制隔离戒毒场所所在地县级、设区的市级人民政府公安机关同意，可以进入强制隔离戒毒场所戒毒。强制隔离戒毒场所应当与其就戒毒治疗期限、戒毒治疗措施等作出约定。

第二十六条 对依照《中华人民共和国禁毒法》第三十九条第一款规定不适用强制隔离戒毒的吸毒成瘾人员，县级、设区的市级人民政府公安机关应当作出社区戒毒的决定，依照本条例第三章的规定进行社区戒毒。

第二十七条 强制隔离戒毒的期限为2年，自作出强制隔离戒毒决定之日起计算。

被强制隔离戒毒的人员在公安机关的强制隔离戒毒场所执行强制隔离戒毒3个月至6个月后，转至司法行政部门的强制隔离戒毒场所继续执行强制隔离戒毒。

执行前款规定不具备条件的省、自治区、直辖市，由公安机关和司法行政部门共同提出意见报省、自治区、直辖市人民政府决定具体执行方案，但在公安机关的强制隔离戒毒场所执行强制隔离戒毒的时间不得超过 12 个月。

第二十八条 强制隔离戒毒场所对强制隔离戒毒人员的身体和携带物品进行检查时发现的毒品等违禁品，应当依法处理；对生活必需品以外的其他物品，由强制隔离戒毒场所代为保管。

女性强制隔离戒毒人员的身体检查，应当由女性工作人员进行。

第二十九条 强制隔离戒毒场所设立戒毒医疗机构应当经所在地省、自治区、直辖市人民政府卫生行政部门批准。强制隔离戒毒场所应当配备设施设备及必要的管理人员，依法为强制隔离戒毒人员提供科学规范的戒毒治疗、心理治疗、身体康复训练和卫生、道德、法制教育，开展职业技能培训。

第三十条 强制隔离戒毒场所应当根据强制隔离戒毒人员的性别、年龄、患病等情况对强制隔离戒毒人员实行分别管理；对吸食不同种类毒品的，应当有针对性地采取必要的治疗措施；根据戒毒治疗的不同阶段和强制隔离戒毒人员的表现，实行逐步适应社会的分级管理。

第三十一条 强制隔离戒毒人员患严重疾病，不出所治疗可能危及生命的，经强制隔离戒毒场所主管机关批准，并报强制隔离戒毒决定机关备案，强制隔离戒毒场所可以允许其所外就医。所外就医的费用由强制隔离戒毒人员本人承担。

所外就医期间，强制隔离戒毒期限连续计算。对于健康状况不再适宜回所执行强制隔离戒毒的，强制隔离戒毒场所应当向强制隔离戒毒决定机关提出变更为社区戒毒的建议，强制隔离戒毒决定机关应当自收到建议之日起 7 日内，作出是否批准的决定。经批准变更为社区戒毒的，已执行的强制隔离戒毒期限折抵社区戒毒期限。

第三十二条 强制隔离戒毒人员脱逃的，强制隔离戒毒场所应当立即通知所在地县级人民政府公安机关，并配合公安机关追回脱逃人员。被追回的强制隔离戒毒人员应当继续执行强制隔离戒毒，脱逃期间不计入强制隔离戒毒期限。被追回的强制隔离戒毒人员不得提前解除强制隔离戒毒。

第三十三条 对强制隔离戒毒场所依照《中华人民共和国禁毒法》第四十七条第二款、第三款规定提出的提前解除强制隔离戒毒、延长戒毒期限的意见，强制隔离戒毒决定机关应当自收到意见之日起7日内，作出是否批准的决定。对提前解除强制隔离戒毒或者延长强制隔离戒毒期限的，批准机关应当出具提前解除强制隔离戒毒决定书或者延长强制隔离戒毒期限决定书，送达被决定人，并在送达后24小时以内通知被决定人的家属、所在单位以及其户籍所在地或者现居住地公安派出所。

第三十四条 解除强制隔离戒毒的，强制隔离戒毒场所应当在解除强制隔离戒毒3日前通知强制隔离戒毒决定机关，出具解除强制隔离戒毒证明书送达戒毒人员本人，并通知其家属、所在单位、其户籍所在地或者现居住地公安派出所将其领回。

第三十五条 强制隔离戒毒诊断评估办法由国务院公安部门、司法行政部门会同国务院卫生行政部门制定。

第三十六条 强制隔离戒毒人员被依法收监执行刑罚、采取强制性教育措施或者被依法拘留、逮捕的，由监管场所、羁押场所给予必要的戒毒治疗，强制隔离戒毒的时间连续计算；刑罚执行完毕时、解除强制性教育措施时或者释放时强制隔离戒毒尚未期满的，继续执行强制隔离戒毒。

第五章 社区康复

第三十七条 对解除强制隔离戒毒的人员，强制隔离戒毒的决定机关可以责令其接受不超过3年的社区康复。

社区康复在当事人户籍所在地或者现居住地乡（镇）人民政府、城市街道办事处执行，经当事人同意，也可以在戒毒康复场所中执行。

第三十八条 被责令接受社区康复的人员，应当自收到责令社区康复决定书之日起15日内到户籍所在地或者现居住地乡（镇）人民政府、城市街道办事处报到，签订社区康复协议。

被责令接受社区康复的人员拒绝接受社区康复或者严重违反社区康复协议，并再次吸食、注射毒品被决定强制隔离戒毒的，强制隔离戒毒不得提前解除。

第三十九条 负责社区康复工作的人员应当为社区康复人员提供必要的心理治疗和辅导、职业技能培训、职业指导以及就学、就业、就医援助。

第四十条 社区康复自期满之日起解除。社区康复执行地公安机关出具解除社区康复通知书送达社区康复人员本人及其家属，并在7日内通知社区康复执行地乡（镇）人民政府、城市街道办事处。

第四十一条 自愿戒毒人员、社区戒毒、社区康复的人员可以自愿与戒毒康复场所签订协议，到戒毒康复场所戒毒康复、生活和劳动。

戒毒康复场所应当配备必要的管理人员和医务人员，为戒毒人员提供戒毒康复、职业技能培训和生产劳动条件。

第四十二条 戒毒康复场所应当加强管理，严禁毒品流入，并建立戒毒康复人员自我管理、自我教育、自我服务的机制。

戒毒康复场所组织戒毒人员参加生产劳动，应当参照国家劳动用工制度的规定支付劳动报酬。

第六章 法律责任

第四十三条 公安、司法行政、卫生行政等有关部门工作人员泄露戒毒人员个人信息的，依法给予处分；构成犯罪的，依法追究刑事责任。

第四十四条 乡（镇）人民政府、城市街道办事处负责社区戒毒、社区康复工作的人员有下列行为之一的，依法给予处分：

（一）未与社区戒毒、社区康复人员签订社区戒毒、社区康复协议，不落实社区戒毒、社区康复措施的；

（二）不履行本条例第二十一条规定的报告义务的；

（三）其他不履行社区戒毒、社区康复监督职责的行为。

第四十五条 强制隔离戒毒场所的工作人员有下列行为之一的，依法给予处分；构成犯罪的，依法追究刑事责任：

（一）侮辱、虐待、体罚强制隔离戒毒人员的；

（二）收受、索要财物的；

（三）擅自使用、损毁、处理没收或者代为保管的财物的；

（四）为强制隔离戒毒人员提供麻醉药品、精神药品或者违反规定传递其他物品的；

（五）在强制隔离戒毒诊断评估工作中弄虚作假的；

（八）私放强制隔离戒毒人员的；

（七）其他徇私舞弊、玩忽职守、不履行法定职责的行为。

第七章 附 则

第四十六条 本条例自公布之日起施行。1995 年 1 月 12 日国务院发布的《强制戒毒办法》同时废止。

突发公共卫生事件应急条例（节录）

（2003 年 5 月 9 日中华人民共和国国务院令第 376 号公布 根据 2011 年 1 月 8 日《国务院关于废止和修改部分行政法规的决定》修订）

……

第四章 应 急 处 理

第二十六条 突发事件发生后，卫生行政主管部门应当组织专家对突发事件进行综合评估，初步判断突发事件的类型，提出是否启动突发事件应急预案的建议。

第二十七条 在全国范围内或者跨省、自治区、直辖市范围内启动全国突发事件应急预案，由国务院卫生行政主管部门报国务院批准后实施。省、自治区、直辖市启动突发事件应急预案，由省、自治区、直辖市人民政府决定，并向国务院报告。

第二十八条 全国突发事件应急处理指挥部对突发事件应急处理工作进行督察和指导，地方各级人民政府及其有关部门应当予以配合。

省、自治区、直辖市突发事件应急处理指挥部对本行政区域内突发事件应急处理工作进行督察和指导。

第二十九条 省级以上人民政府卫生行政主管部门或者其他有关部门指定的突发事件应急处理专业技术机构，负责突发事件的技术调查、确证、处置、控制和评价工作。

第三十条 国务院卫生行政主管部门对新发现的突发传染病，根据危害程度、流行强度，依照《中华人民共和国传染病防治法》的规定及时宣布为法定传染病；宣布为甲类传染病的，由国务院决定。

第三十一条 应急预案启动前，县级以上各级人民政府有关部门应当根据突发事件的实际情况，做好应急处理准备，采取必要的应急措施。

应急预案启动后，突发事件发生地的人民政府有关部门，应当根据预案规定的职责要求，服从突发事件应急处理指挥部的统一指挥，立即到达规定岗位，采取有关的控制措施。

医疗卫生机构、监测机构和科学研究机构，应当服从突发事件应急处理指挥部的统一指挥，相互配合、协作，集中力量开展相关的科学研究工作。

第三十二条 突发事件发生后，国务院有关部门和县级以上地方人民政府及其有关部门，应当保证突发事件应急处理所需的医疗救护设备、救治药品、医疗器械等物资的生产、供应；铁路、交通、民用航空行政主管部门应当保证及时运送。

第三十三条 根据突发事件应急处理的需要，突发事件应急处理指挥部有权紧急调集人员、储备的物资、交通工具以及相关设施、设备；必要时，对人员进行疏散或者隔离，并可以依法对传染病疫区实行封锁。

第三十四条 突发事件应急处理指挥部根据突发事件应急处理的需要，可以对食物和水源采取控制措施。

县级以上地方人民政府卫生行政主管部门应当对突发事件现场等采取控制措施，宣传突发事件防治知识，及时对易受感染的人群和其他易受损害的人群采取应急接种、预防性投药、群体防护等措施。

第三十五条 参加突发事件应急处理的工作人员，应当按照预案的规定，采取卫生防护措施，并在专业人员的指导下进行工作。

第三十六条 国务院卫生行政主管部门或者其他有关部门指定的专业技术机构，有权进入突发事件现场进行调查、采样、技术分析和检验，对地方突发事件的应急处理工作进行技术指导，有关单位和个人应当予以配合；任何单位和个人不得以任何理由予以拒绝。

第三十七条 对新发现的突发传染病、不明原因的群体性疾病、重大食物和职业中毒事件，国务院卫生行政主管部门应当尽快组织力量制定相关的技术标准、规范和控制措施。

第三十八条 交通工具上发现根据国务院卫生行政主管部门的规定需要采取应急控制措施的传染病病人、疑似传染病病人，其负责人应当以最快的方式通知前方停靠点，并向交通工具的营运单位报告。交通工具的前方停靠点和营运单位应当立即向交通工具营运单位行政主管部门和县级以上地方人民政府卫生行政主管部门报告。卫生行政主管部门接到报告后，应当立即组织有关人员采取相应的医学处置措施。

交通工具上的传染病病人密切接触者，由交通工具停靠点的县级以上各级人民政府卫生行政主管部门或者铁路、交通、民用航空行政主管部门，根据各自的职责，依照传染病防治法律、行政法规的规定，采取控制措施。

涉及国境口岸和入出境的人员、交通工具、货物、集装箱、行李、邮包等需要采取传染病应急控制措施的，依照国境卫生检疫法律、行政法规的规定办理。

第三十九条 医疗卫生机构应当对因突发事件致病的人员提供医疗救护和现场救援，对就诊病人必须接诊治疗，并书写详细、完整的病历记录；对需要转送的病人，应当按照规定将病人及其病历记录的复印件转送至接诊的或者指定的医疗机构。

医疗卫生机构内应当采取卫生防护措施，防止交叉感染和污染。

医疗卫生机构应当对传染病病人密切接触者采取医学观察措施，传染病病人密切接触者应当予以配合。

医疗机构收治传染病病人、疑似传染病病人，应当依法报告所在地的疾病预防控制机构。接到报告的疾病预防控制机构应当立即对可能受到危害的人员进行调查，根据需要采取必要的控制措施。

第四十条 传染病暴发、流行时，街道、乡镇以及居民委员会、村民委员会应当组织力量，团结协作，群防群治，协助卫生行政主管部门和其他有关部门、医疗卫生机构做好疫情信息的收集和报告、人员的分散隔离、公共卫生措施的落实工作，向居民、村民宣传传染病防治的相关知识。

第四十一条 对传染病暴发、流行区域内流动人口，突发事件发生地的县级以上地方人民政府应当做好预防工作，落实有关卫生控制措施；对传染病病人和疑似传染病病人，应当采取就地隔离、就地观察、就地治疗的措施。对需要治疗和转诊的，应当依照本条例第三十九条第一款的规定执行。

第四十二条 有关部门、医疗卫生机构应当对传染病做到早发现、早报告、早隔离、早治疗，切断传播途径，防止扩散。

第四十三条 县级以上各级人民政府应当提供必要资金，保障因突发事件致病、致残的人员得到及时、有效的救治。具体办法由国务院财政部门、卫生行政主管部门和劳动保障行政主管部门制定。

第四十四条 在突发事件中需要接受隔离治疗、医学观察措施的病人、疑似病人和传染病病人密切接触者在卫生行政主管部门或者有关机构采取医学措施时应当予以配合；拒绝配合的，由公安机关依法协助强制执行。

第五章 法律责任

第四十五条 县级以上地方人民政府及其卫生行政主管部门未依照本条例的规定履行报告职责，对突发事件隐瞒、缓报、谎报或者授意他人隐瞒、缓报、谎报的，对政府主要领导人及其卫生行政主管部门主要负责人，依法给予降级或者撤职的行政处分；造成传染病传播、流行或者对社会公众健康造成其他严重危害后果的，依法给予开除的行政处分；构成犯罪的，依法追究刑事责任。

第四十六条 国务院有关部门、县级以上地方人民政府及其有关部门未依照本条例的规定，完成突发事件应急处理所需要的设施、设备、药品和医疗器械等物资的生产、供应、运输和储备的，对政府主要领导人和政府部门主要负责人依法给予降级或者撤职的行政处分；造成传染病传播、流行或者对社会公众健康造成其他严重危害后果的，依法给予开除的行政处分；构成犯罪的，依法追究刑事责任。

第四十七条 突发事件发生后，县级以上地方人民政府及其有关部门对上级人民政府有关部门的调查不予配合，或者采取其他方式阻碍、干涉调查的，对政府主要领导人和政府部门主要负责人依法给予降级或者撤职的行政处分；构成犯罪的，依法追究刑事责任。

第四十八条 县级以上各级人民政府卫生行政主管部门和其他有关部门在突发事件调查、控制、医疗救治工作中玩忽职守、失职、渎职的，由本级人民政府或者上级人民政府有关部门责令改正、通报批评、给予警告；对主要负责人、负有责任的主管人员和其他责任人员依法给予降级、撤职的行政处分；造成传染病传播、流行或者对社会公众健康造成其他严重危害后果的，依法给予开除的行政处分；构成犯罪的，依法追究刑事责任。

第四十九条 县级以上各级人民政府有关部门拒不履行应急处理职责的，由同级人民政府或者上级人民政府有关部门责令改正、通报批评、给予警告；对主要负责人、负有责任的主管人员和其他责任人员依法给予降级、撤职的行政处分；造成传染病传播、流行或者对社会公众健康造成其他严重危害后果的，依法给予开除的行政处分；构成犯罪的，依法追究刑事责任。

第五十条 医疗卫生机构有下列行为之一的，由卫生行政主管部门责令改正、通报批评、给予警告；情节严重的，吊销《医疗机构执业许可证》；对主要负责人、负有责任的主管人员和其他直接责任人员依法给予降级或者撤职的纪律处分；造成传染病传播、流行或者对社会公众健康造成其他严重危害后果，构成犯罪的，依法追究刑事责任：

（一）未依照本条例的规定履行报告职责，隐瞒、缓报或者谎报的；

（二）未依照本条例的规定及时采取控制措施的；

（三）未依照本条例的规定履行突发事件监测职责的；

（四）拒绝接诊病人的；

（五）拒不服从突发事件应急处理指挥部调度的。

第五十一条 在突发事件应急处理工作中，有关单位和个人未依照本条例的规定履行报告职责，隐瞒、缓报或者谎报，阻碍突发事件应急处理工作人员执行职务，拒绝国务院卫生行政主管部门或者其他有关部门指定的专业技术机构进入突发事件现场，或者不配合调查、采样、技术分析和检验的，对有关责任人员依法给予行政处分或者纪律处分；触犯《中华人民共和国治安管理处罚法》，构成违反治安管理行为的，由公安机关依法予以处罚；构成犯罪的，依法追究刑事责任。

第五十二条 在突发事件发生期间，散布谣言、哄抬物价、欺骗消费者，扰乱社会秩序、市场秩序的，由公安机关或者工商行政管理部门依法给予行政处罚；构成犯罪的，依法追究刑事责任。

……

重大动物疫情应急条例（节录）

（2015年11月18日中华人民共和国国务院令第450号发布 根据2017年10月7日《国务院关于修改部分行政法规的决定》修订）

……

第四章 应急处理

第二十六条 重大动物疫情发生后，国务院和有关地方人民政府设立的重大动物疫情应急指挥部统一领导、指挥重大动物疫情应急工作。

第二十七条 重大动物疫情发生后，县级以上地方人民政府兽医主管部门应当立即划定疫点、疫区和受威胁区，调查疫源，向本级人民政府提出启动重大动物疫情应急指挥系统、应急预案和对疫区实行封锁的建议，有关人民政府应当立即作出决定。

疫点、疫区和受威胁区的范围应当按照不同动物疫病病种及其流行特点和危害程度划定，具体划定标准由国务院兽医主管部门制定。

第二十八条 国家对重大动物疫情应急处理实行分级管理，按照应急预案确定的疫情等级，由有关人民政府采取相应的应急控制措施。

第二十九条 对疫点应当采取下列措施：

（一）扑杀并销毁染疫动物和易感染的动物及其产品；

（二）对病死的动物、动物排泄物、被污染饲料、垫料、污水进行无害化处理；

（三）对被污染的物品、用具、动物圈舍、场地进行严格消毒。

第三十条　对疫区应当采取下列措施：

（一）在疫区周围设置警示标志，在出入疫区的交通路口设置临时动物检疫消毒站，对出入的人员和车辆进行消毒；

（二）扑杀并销毁染疫和疑似染疫动物及其同群动物，销毁染疫和疑似染疫的动物产品，对其他易感染的动物实行圈养或者在指定地点放养，役用动物限制在疫区内使役；

（三）对易感染的动物进行监测，并按照国务院兽医主管部门的规定实施紧急免疫接种，必要时对易感染的动物进行扑杀；

（四）关闭动物及动物产品交易市场，禁止动物进出疫区和动物产品运出疫区；

（五）对动物圈舍、动物排泄物、垫料、污水和其他可能受污染的物品、场地，进行消毒或者无害化处理。

第三十一条　对受威胁区应当采取下列措施：

（一）对易感染的动物进行监测；

（二）对易感染的动物根据需要实施紧急免疫接种。

第三十二条　重大动物疫情应急处理中设置临时动物检疫消毒站以及采取隔离、扑杀、销毁、消毒、紧急免疫接种等控制、扑灭措施的，由有关重大动物疫情应急指挥部决定，有关单位和个人必须服从；拒不服从的，由公安机关协助执行。

第三十三条　国家对疫区、受威胁区内易感染的动物免费实施紧急免疫接种；对因采取扑杀、销毁等措施给当事人造成的已经证实的损失，给予合理补偿。紧急免疫接种和补偿所需费用，由中央财政和地方财政分担。

第三十四条　重大动物疫情应急指挥部根据应急处理需要，有权紧急调集人员、物资、运输工具以及相关设施、设备。

单位和个人的物资、运输工具以及相关设施、设备被征集使用的，有关人民政府应当及时归还并给予合理补偿。

第三十五条　重大动物疫情发生后，县级以上人民政府兽医主管部门应当及时提出疫点、疫区、受威胁区的处理方案，加强疫情监测、流行病学调查、疫源追踪工作，对染疫和疑似染疫动物及其同群动物和其他易感染动物的扑杀、销毁进行技术指导，并组织实施检验检疫、消毒、无害化处理和紧急免疫接种。

第三十六条 重大动物疫情应急处理中，县级以上人民政府有关部门应当在各自的职责范围内，做好重大动物疫情应急所需的物资紧急调度和运输、应急经费安排、疫区群众救济、人的疫病防治、肉食品供应、动物及其产品市场监管、出入境检验检疫和社会治安维护等工作。

中国人民解放军、中国人民武装警察部队应当支持配合驻地人民政府做好重大动物疫情的应急工作。

第三十七条 重大动物疫情应急处理中，乡镇人民政府、村民委员会、居民委员会应当组织力量，向村民、居民宣传动物疫病防治的相关知识，协助做好疫情信息的收集、报告和各项应急处理措施的落实工作。

第三十八条 重大动物疫情发生地的人民政府和毗邻地区的人民政府应当通力合作，相互配合，做好重大动物疫情的控制、扑灭工作。

第三十九条 有关人民政府及其有关部门对参加重大动物疫情应急处理的人员，应当采取必要的卫生防护和技术指导等措施。

第四十条 自疫区内最后一头（只）发病动物及其同群动物处理完毕起，经过一个潜伏期以上的监测，未出现新的病例的，彻底消毒后，经上一级动物防疫监督机构验收合格，由原发布封锁令的人民政府宣布解除封锁，撤销疫区；由原批准机关撤销在该疫区设立的临时动物检疫消毒站。

第四十一条 县级以上人民政府应当将重大动物疫情确认、疫区封锁、扑杀及其补偿、消毒、无害化处理、疫源追踪、疫情监测以及应急物资储备等应急经费列入本级财政预算。

第五章 法律责任

第四十二条 违反本条例规定，兽医主管部门及其所属的动物防疫监督机构有下列行为之一的,由本级人民政府或者上级人民政府有关部门责令立即改正、通报批评、给予警告;对主要负责人、负有责任的主管人员和其他责任人员,依法给予记大过、降级、撤职直至开除的行政处分;构成犯罪的,依法追究刑事责任:

(一)不履行疫情报告职责,瞒报、谎报、迟报或者授意他人瞒报、谎报、迟报,阻碍他人报告重大动物疫情的;

(二)在重大动物疫情报告期间,不采取临时隔离控制措施,导致动物疫情扩散的;

(三)不及时划定疫点、疫区和受威胁区,不及时向本级人民政府提出应急处理建议,或者不按照规定对疫点、疫区和受威胁区采取预防、控制、扑灭措施的;

(四)不向本级人民政府提出启动应急指挥系统、应急预案和对疫区的封锁建议的;

(五)对动物扑杀、销毁不进行技术指导或者指导不力,或者不组织实施检验检疫、消毒、无害化处理和紧急免疫接种的;

(六)其他不履行本条例规定的职责,导致动物疫病传播、流行,或者对养殖业生产安全和公众身体健康与生命安全造成严重危害的。

第四十三条 违反本条例规定,县级以上人民政府有关部门不履行应急处理职责,不执行对疫点、疫区和受威胁区采取的措施,或者对上级人民政府有关部门的疫情调查不予配合或者阻碍、拒绝的,由本级人民政府或者上级人民政府有关部门责令立即改正、通报批评、给予警告;对主要负责人、负有责任的主管人员和其他责任人员,依法给予记大过、降级、撤职直至开除的行政处分;构成犯罪的,依法追究刑事责任。

第四十四条 违反本条例规定,有关地方人民政府阻碍报告重大动物疫情,不履行应急处理职责,不按照规定对疫点、疫区和受威胁区采取预防、控制、扑灭措施,或者对上级人民政府有关部门的疫情调查不予配合或者阻碍、拒绝的,由上级人民政府责令立即改正、通报批评、给予警告;对政府主要领导人依法给予记大过、降级、撤职直至开除的行政处分；构成犯罪的，依法追究刑事责任。

第四十五条 截留、挪用重大动物疫情应急经费，或者侵占、挪用应急储备物资的，按照《财政违法行为处罚处分条例》的规定处理；构成犯罪的，依法追究刑事责任。

第四十六条 违反本条例规定，拒绝、阻碍动物防疫监督机构进行重大动物疫情监测，或者发现动物出现群体发病或者死亡，不向当地动物防疫监督机构报告的，由动物防疫监督机构给予警告，并处2000元以上5000元以下的罚款；构成犯罪的，依法追究刑事责任。

第四十七条 违反本条例规定，不符合相应条件采集重大动物疫病病料，或者在重大动物疫病病原分离时不遵守国家有关生物安全管理规定的，由动物防疫监督机构给予警告，并处5000元以下的罚款；构成犯罪的，依法追究刑事责任。

第四十八条 在重大动物疫情发生期间，哄抬物价、欺骗消费者，散布谣言、扰乱社会秩序和市场秩序的，由价格主管部门、工商行政管理部门或者公安机关依法给予行政处罚；构成犯罪的，依法追究刑事责任。

……

最高人民法院关于适用《中华人民共和国行政诉讼法》的解释（节录）

（2017年11月13日最高人民法院审判委员会第1726次会议通过 2018年2月6日最高人民法院公告公布 自2018年2月8日起施行 法释〔2018〕1号）

……

十二、执　　行

第一百五十二条 对发生法律效力的行政判决书、行政裁定书、行政赔偿判决书和行政调解书，负有义务的一方当事人拒绝履行的，对方当事人可以依法申请人民法院强制执行。

人民法院判决行政机关履行行政赔偿、行政补偿或者其他行政给付义务，行政机关拒不履行的，对方当事人可以依法向法院申请强制执行。

第一百五十三条 申请执行的期限为二年。申请执行时效的中止、中断，适用法律有关规定。

申请执行的期限从法律文书规定的履行期间最后一日起计算；法律文书规定分期履行的，从规定的每次履行期间的最后一日起计算；法律文书中没有规定履行期限的，从该法律文书送达当事人之日起计算。

逾期申请的，除有正当理由外，人民法院不予受理。

第一百五十四条 发生法律效力的行政判决书、行政裁定书、行政赔偿判决书和行政调解书，由第一审人民法院执行。

第一审人民法院认为情况特殊，需要由第二审人民法院执行的，可以报请第二审人民法院执行；第二审人民法院可以决定由其执行，也可以决定由第一审人民法院执行。

第一百五十五条 行政机关根据行政诉讼法第九十七条的规定申请执行其行政行为，应当具备以下条件：

（一）行政行为依法可以由人民法院执行；

（二）行政行为已经生效并具有可执行内容；

（三）申请人是作出该行政行为的行政机关或者法律、法规、规章授权的组织；

（四）被申请人是该行政行为所确定的义务人；

（五）被申请人在行政行为确定的期限内或者行政机关催告期限内未履行义务；

（六）申请人在法定期限内提出申请；

（七）被申请执行的行政案件属于受理执行申请的人民法院管辖。

行政机关申请人民法院执行，应当提交行政强制法第五十五条规定的相关材料。

人民法院对符合条件的申请,应当在五日内立案受理,并通知申请人;对不符合条件的申请,应当裁定不予受理。行政机关对不予受理裁定有异议,在十五日内向上一级人民法院申请复议的,上一级人民法院应当在收到复议申请之日起十五日内作出裁定。

第一百五十六条 没有强制执行权的行政机关申请人民法院强制执行其行政行为,应当自被执行人的法定起诉期限届满之日起三个月内提出。逾期申请的,除有正当理由外,人民法院不予受理。

第一百五十七条 行政机关申请人民法院强制执行其行政行为的,由申请人所在地的基层人民法院受理;执行对象为不动产的,由不动产所在地的基层人民法院受理。

基层人民法院认为执行确有困难的,可以报请上级人民法院执行;上级人民法院可以决定由其执行,也可以决定由下级人民法院执行。

第一百五十八条 行政机关根据法律的授权对平等主体之间民事争议作出裁决后,当事人在法定期限内不起诉又不履行,作出裁决的行政机关在申请执行的期限内未申请人民法院强制执行的,生效行政裁决确定的权利人或者其继承人、权利承受人在六个月内可以申请人民法院强制执行。

享有权利的公民、法人或者其他组织申请人民法院强制执行生效行政裁决,参照行政机关申请人民法院强制执行行政行为的规定。

第一百五十九条 行政机关或者行政行为确定的权利人申请人民法院强制执行前,有充分理由认为被执行人可能逃避执行的,可以申请人民法院采取财产保全措施。后者申请强制执行的,应当提供相应的财产担保。

第一百六十条 人民法院受理行政机关申请执行其行政行为的案件后,应当在七日内由行政审判庭对行政行为的合法性进行审查,并作出是否准予执行的裁定。

人民法院在作出裁定前发现行政行为明显违法并损害被执行人合法权益的,应当听取被执行人和行政机关的意见,并自受理之日起三十日内作出是否准予执行的裁定。

需要采取强制执行措施的,由本院负责强制执行非诉行政行为的机构执行。

第一百六十一条 被申请执行的行政行为有下列情形之一的，人民法院应当裁定不准予执行：

（一）实施主体不具有行政主体资格的；

（二）明显缺乏事实根据的；

（三）明显缺乏法律、法规依据的；

（四）其他明显违法并损害被执行人合法权益的情形。

行政机关对不准予执行的裁定有异议，在十五日内向上一级人民法院申请复议的，上一级人民法院应当在收到复议申请之日起三十日内作出裁定。

……

最高人民法院关于人民法院执行工作若干问题的规定（试行）（节录）

（1998年6月11日最高人民法院审判委员会第992次会议通过 根据2020年12月23日最高人民法院审判委员会第1823次会议通过的《最高人民法院关于修改〈最高人民法院关于人民法院扣押铁路运输货物若干问题的规定〉等十八件执行类司法解释的决定》修正 2020年12月29日最高人民法院公告公布 自2021年1月1日起施行 法释〔2020〕21号）

……

四、执行前的准备

22. 人民法院应当在收到申请执行书或者移交执行书后十日内发

出执行通知。

执行通知中除应责令被执行人履行法律文书确定的义务外,还应通知其承担民事诉讼法第二百五十三条规定的迟延履行利息或者迟延履行金。

23. 执行通知书的送达,适用民事诉讼法关于送达的规定。

24. 被执行人未按执行通知书履行生效法律文书确定的义务的,应当及时采取执行措施。

人民法院采取执行措施,应当制作相应法律文书,送达被执行人。

25. 人民法院执行非诉讼生效法律文书,必要时可向制作生效法律文书的机构调取卷宗材料。

五、金钱给付的执行

26. 金融机构擅自解冻被人民法院冻结的款项,致冻结款项被转移的,人民法院有权责令其限期追回已转移的款项。在限期内未能追回的,应当裁定该金融机构在转移的款项范围内以自己的财产向申请执行人承担责任。

27. 被执行人为金融机构的,对其交存在人民银行的存款准备金和备付金不得冻结和扣划,但对其在本机构、其他金融机构的存款,及其在人民银行的其他存款可以冻结、划拨,并可对被执行人的其他财产采取执行措施,但不得查封其营业场所。

28. 作为被执行人的自然人,其收入转为储蓄存款的,应当责令其交出存单。拒不交出的,人民法院应当作出提取其存款的裁定,向金融机构发出协助执行通知书,由金融机构提取被执行人的存款交人民法院或存入人民法院指定的账户。

29. 被执行人在有关单位的收入尚未支取的,人民法院应当作出裁定,向该单位发出协助执行通知书,由其协助扣留或提取。

30. 有关单位收到人民法院协助执行被执行人收入的通知后,擅自向被执行人或其他人支付的，人民法院有权责令其限期追回；逾期未追回的，应当裁定其在支付的数额内向申请执行人承担责任。

31. 人民法院对被执行人所有的其他人享有抵押权、质押权或留置权的财产，可以采取查封、扣押措施。财产拍卖、变卖后所得价款，应当在抵押权人、质押权人或留置权人优先受偿后，其余额部分用于清偿申请执行人的债权。

32. 被执行人或其他人擅自处分已被查封、扣押、冻结财产的，人民法院有权责令责任人限期追回财产或承担相应的赔偿责任。

33. 被执行人申请对人民法院查封的财产自行变卖的，人民法院可以准许，但应当监督其按照合理价格在指定的期限内进行，并控制变卖的价款。

34. 拍卖、变卖被执行人的财产成交后，必须即时钱物两清。

委托拍卖、组织变卖被执行人财产所发生的实际费用，从所得价款中优先扣除。所得价款超出执行标的数额和执行费用的部分，应当退还被执行人。

35. 被执行人不履行生效法律文书确定的义务，人民法院有权裁定禁止被执行人转让其专利权、注册商标专用权、著作权（财产权部分）等知识产权。上述权利有登记主管部门的，应当同时向有关部门发出协助执行通知书，要求其不得办理财产权转移手续，必要时可以责令被执行人将产权或使用权证照交人民法院保存。

对前款财产权，可以采取拍卖、变卖等执行措施。

36. 对被执行人从有关企业中应得的已到期的股息或红利等收益，人民法院有权裁定禁止被执行人提取和有关企业向被执行人支付，并要求有关企业直接向申请执行人支付。

对被执行人预期从有关企业中应得的股息或红利等收益，人民法院可以采取冻结措施，禁止到期后被执行人提取和有关企业向被执行人支付。到期后人民法院可从有关企业中提取，并出具提取收据。

37. 对被执行人在其他股份有限公司中持有的股份凭证（股票），人民法院可以扣押，并强制被执行人按照公司法的有关规定转让，也可以直接采取拍卖、变卖的方式进行处分，或直接将股票抵偿给债权人,用于清偿被执行人的债务。

38. 对被执行人在有限责任公司、其他法人企业中的投资权益或股权,人民法院可以采取冻结措施。

冻结投资权益或股权的,应当通知有关企业不得办理被冻结投资权益或股权的转移手续,不得向被执行人支付股息或红利。被冻结的投资权益或股权,被执行人不得自行转让。

39. 被执行人在其独资开办的法人企业中拥有的投资权益被冻结后,人民法院可以直接裁定予以转让,以转让所得清偿其对申请执行人的债务。

对被执行人在有限责任公司中被冻结的投资权益或股权,人民法院可以依据《中华人民共和国公司法》第七十一条、第七十二条、第七十三条的规定,征得全体股东过半数同意后,予以拍卖、变卖或以其他方式转让。不同意转让的股东,应当购买该转让的投资权益或股权,不购买的,视为同意转让,不影响执行。

人民法院也可允许并监督被执行人自行转让其投资权益或股权,将转让所得收益用于清偿对申请执行人的债务。

40. 有关企业收到人民法院发出的协助冻结通知后,擅自向被执行人支付股息或红利,或擅自为被执行人办理已冻结股权的转移手续,造成已转移的财产无法追回的,应当在所支付的股息或红利或转移的股权价值范围内向申请执行人承担责任。

六、交付财产和完成行为的执行

41. 生效法律文书确定被执行人交付特定标的物的,应当执行原物。原物被隐匿或非法转移的,人民法院有权责令其交出。原物确已毁损或灭失的,经双方当事人同意,可以折价赔偿。

双方当事人对折价赔偿不能协商一致的,人民法院应当终结执行程序。申请执行人可以另行起诉。

42. 有关组织或者个人持有法律文书指定交付的财物或票证,在接到人民法院协助执行通知书或通知书后，协同被执行人转移财物或票证的，人民法院有权责令其限期追回；逾期未追回的，应当裁定其承担赔偿责任。

43. 被执行人的财产经拍卖、变卖或裁定以物抵债后，需从现占有人处交付给买受人或申请执行人的，适用民事诉讼法第二百四十九条、第二百五十条和本规定第41条、第42条的规定。

44. 被执行人拒不履行生效法律文书中指定的行为的，人民法院可以强制其履行。

对于可以替代履行的行为，可以委托有关单位或他人完成，因完成上述行为发生的费用由被执行人承担。

对于只能由被执行人完成的行为，经教育，被执行人仍拒不履行的，人民法院应当按照妨害执行行为的有关规定处理。

……

最高人民法院、最高人民检察院、公安部、中国证券监督管理委员会《关于查询、冻结、扣划证券和证券交易结算资金有关问题》的通知

(2008年1月10日　法发〔2008〕4号)

各省、自治区、直辖市高级人民法院、人民检察院、公安厅（局）、证监局，解放军军事法院、军事检察院，新疆维吾尔自治区高级人民法院生产建设兵团分院，新疆生产建设兵团人民检察院、公安局：

为维护正常的证券交易结算秩序，保护公民、法人和其他组织的合法权益，保障执法机关依法执行公务，根据《中华人民共和国刑事诉讼法》、《中华人民共和国民事诉讼法》、《中华人民共和国证券法》等法律以及司法解释的规定，现就人民法院、人民检察院、公安机关

查询、冻结、扣划证券和证券交易结算资金的有关问题通知如下：

一、人民法院、人民检察院、公安机关在办理案件过程中，按照法定权限需要通过证券登记结算机构或者证券公司查询、冻结、扣划证券和证券交易结算资金的，证券登记结算机构或者证券公司应当依法予以协助。

二、人民法院要求证券登记结算机构或者证券公司协助查询、冻结、扣划证券和证券交易结算资金，人民检察院、公安机关要求证券登记结算机构或者证券公司协助查询、冻结证券和证券交易结算资金时，有关执法人员应当依法出具相关证件和有效法律文书。

执法人员证件齐全、手续完备的，证券登记结算机构或者证券公司应当签收有关法律文书并协助办理有关事项。

拒绝签收人民法院生效法律文书的，可以留置送达。

三、人民法院、人民检察院、公安机关可以依法向证券登记结算机构查询客户和证券公司的证券账户、证券交收账户和资金交收账户内已完成清算交收程序的余额、余额变动、开户资料等内容。

人民法院、人民检察院、公安机关可以依法向证券公司查询客户的证券账户和资金账户、证券交收账户和资金交收账户内的余额、余额变动、证券及资金流向、开户资料等内容。

查询自然人账户的，应当提供自然人姓名和身份证件号码；查询法人账户的，应当提供法人名称和营业执照或者法人注册登记证书号码。

证券登记结算机构或者证券公司应当出具书面查询结果并加盖业务专用章。查询机关对查询结果有疑问时，证券登记结算机构、证券公司在必要时应当进行书面解释并加盖业务专用章。

四、人民法院、人民检察院、公安机关按照法定权限冻结、扣划相关证券、资金时，应当明确拟冻结、扣划证券、资金所在的账户名称、账户号码、冻结期限，所冻结、扣划证券的名称、数量或者资金的数额。扣划时，还应当明确拟划入的账户名称、账号。

冻结证券和交易结算资金时，应当明确冻结的范围是否及于孳息。本通知规定的以证券登记结算机构名义建立的各类专门清算交收账户不得整体冻结。

五、证券登记结算机构依法按照业务规则收取并存放于专门清算交收账户内的下列证券，不得冻结、扣划：

（一）证券登记结算机构设立的证券集中交收账户、专用清偿账户、专用处置账户内的证券；

（二）证券公司在证券登记结算机构开设的客户证券交收账户、自营证券交收账户和证券处置账户内的证券。

六、证券登记结算机构依法按照业务规则收取并存放于专门清算交收账户内的下列资金，不得冻结、扣划：

（一）证券登记结算机构设立的资金集中交收账户、专用清偿账户内的资金；

（二）证券登记结算机构依法收取的证券结算风险基金和结算互保金；

（三）证券登记结算机构在银行开设的结算备付金专用存款账户和新股发行验资专户内的资金，以及证券登记结算机构为新股发行网下申购配售对象开立的网下申购资金账户内的资金；

（四）证券公司在证券登记结算机构开设的客户资金交收账户内的资金；

（五）证券公司在证券登记结算机构开设的自营资金交收账户内最低限额自营结算备付金及根据成交结果确定的应付资金。

七、证券登记结算机构依法按照业务规则要求证券公司等结算参与人、投资者或者发行人提供的回购质押券、价差担保物、行权担保物、履约担保物等担保物，在交收完成之前，不得冻结、扣划。

八、证券公司在银行开立的自营资金账户内的资金可以冻结、扣划。

九、在证券公司托管的证券的冻结、扣划，既可以在托管的证券公司办理，也可以在证券登记结算机构办理。不同的执法机关同一交易日分别在证券公司、证券登记结算机构对同一笔证券办理冻结、扣划手续的，证券公司协助办理的为在先冻结、扣划。

冻结、扣划未在证券公司或者其他托管机构托管的证券或者证券公司自营证券的，由证券登记结算机构协助办理。

十、证券登记结算机构受理冻结、扣划要求后，应当在受理日对应的交收日交收程序完成后根据交收结果协助冻结、扣划。

证券公司受理冻结、扣划要求后，应当立即停止证券交易，冻结时已经下单但尚未撮合成功的应当采取撤单措施。冻结后，根据成交结果确定的用于交收的应付证券和应付资金可以进行正常交收。在交收程序完成后，对于剩余部分可以扣划。同时，证券公司应当根据成交结果计算出同等数额的应收资金或者应收证券交由执法机关冻结或者扣划。

十一、已被人民法院、人民检察院、公安机关冻结的证券或证券交易结算资金，其他人民法院、人民检察院、公安机关或者同一机关因不同案件可以进行轮候冻结。冻结解除的，登记在先的轮候冻结自动生效。

轮候冻结生效后，协助冻结的证券登记结算机构或者证券公司应当书面通知做出该轮候冻结的机关。

十二、冻结证券的期限不得超过二年，冻结交易结算资金的期限不得超过六个月。

需要延长冻结期限的，应当在冻结期限届满前办理续行冻结手续，每次续行冻结的期限不得超过前款规定的期限。

十三、不同的人民法院、人民检察院、公安机关对同一笔证券或者交易结算资金要求冻结、扣划或者轮候冻结时，证券登记结算机构或者证券公司应当按照送达协助冻结、扣划通知书的先后顺序办理协助事项。

十四、要求冻结、扣划的人民法院、人民检察院、公安机关之间，因冻结、扣划事项发生争议的，要求冻结、扣划的机关应当自行协商解决。协商不成的，由其共同上级机关决定；没有共同上级机关的，由其各自的上级机关协商解决。

在争议解决之前，协助冻结的证券登记结算机构或者证券公司应当按照争议机关所送达法律文书载明的最大标的范围对争议标的进行控制。

十五、依法应当予以协助而拒绝协助，或者向当事人通风报信，或者与当事人通谋转移、隐匿财产的，对有关的证券登记结算机构或者证券公司和直接责任人应当依法进行制裁。

十六、以前规定与本通知规定内容不一致的，以本通知为准。

十七、本通知中所规定的证券登记结算机构，是指中国证券登记结算有限责任公司及其分公司。

十八、本通知自2008年3月1日起实施。

最高人民法院关于办理行政机关申请强制执行案件有关问题的通知

（1998年8月18日 法〔1998〕77号）

各省、自治区、直辖市高级人民法院，新疆维吾尔自治区高级人民法院生产建设兵团分院：

关于人民法院办理行政机关申请强制执行其作出的具体行政行为的案件，行政庭与执行庭如何分工的问题，经我院审判委员会讨论，并已正式下发文件（法发〔1996〕12号）。我院《关于人民法院执行工作若干问题的规定（试行）》下发后，一些法院就上述两个文件的关系问题向我院提出询问。现就有关问题重申如下：

一、行政机关申请人民法院强制执行案件由行政审判庭负责审查。经教育，行政行为相对人自动履行的，即可结案。需要强制执行的，由行政审判庭移送执行庭办理。

二、对于申请执行的具体行政行为，人民法院必须认真进行审查，切实履行法律赋予的监督职责，坚决防止和杜绝违法失职现象的发生。因不审查或不认真审查而给被申请人造成损失的，应当追究有关人员的责任。

三、人民法院经审查，确认申请执行的具体行政行为有明显违法问题，侵犯相对人实体合法权益的，裁定不予执行，并向申请机关提出司法建议。

最高人民法院关于行政机关申请法院强制执行处罚决定时效问题的答复

(2019年9月10日)

李光：

您好！《关于行政机关申请法院强制执行处罚（罚款）时效问题的咨询》收悉。您提出的"行政机关对违法相对人作出行政处罚（罚款）后，当事人不履行处罚决定，行政机关应该采取何种程序执行罚款，在什么时候可以申请法院强制执行"等问题，涉及非诉强制执行的依据、程序和申请期限等法律规定。经研究，答复如下：

非诉强制执行涉及行政强制和法院执行等重要法律程序，应严格遵守《中华人民共和国行政强制法》和《中华人民共和国行政诉讼法》等法律规定的条件、程序和期限。

关于非诉强制执行的依据。《中华人民共和国行政强制法》第十三条规定："行政强制执行由法律设定。法律没有规定行政机关强制执行的，作出行政决定的行政机关应当申请人民法院强制执行"。《中华人民共和国行政诉讼法》第九十七条规定："公民、法人或者其他组织对行政行为在法定期限内不提起诉讼又不履行的，行政机关可以申请人民法院强制执行，或者依法强制执行"。上述规定对公民、法人或其他组织不履行未提起过行政诉讼的行政行为，规定了两种强制执行途径。一是有法律、法规授权的行政机关可以依法强制执行；二是没有法律、法规授权的行政机关可在法定期限内申请人民法院强制执行。您咨询的内容，属于第二种情况。

关于非诉强制执行程序和申请期限。《中华人民共和国行政强制法》第五十三条规定，当事人在法定期限内不申请行政复议或者提起行政诉讼，又不履行行政决定的，没有行政强制执行权的行政机关可以自期限届满之日起三个月内,申请人民法院强制执行。2018年《最高人民法院关于适用〈中华人民共和国行政诉讼法〉的解释》第一百五十六条规定:"没有强制执行权的行政机关申请人民法院强制执行其行政行为,应当自被执行人的法定起诉期限届满之日起三个月内提出。逾期申请的,除有正当理由外,人民法院不予受理"。法律之所以规定了较长的申请期限,是考虑到非诉强制执行对行政相对人权益影响大,需要通过司法的执行审查或充分保障当事人救济权利的期限利益,以最大限度地防止行政强制权的滥用。

感谢您对人民法院执行工作的关心和支持!

最高人民法院关于违法的建筑物、构筑物、设施等强制拆除问题的批复

(2013年3月25日最高人民法院审判委员会第1572次会议通过 2013年3月27日最高人民法院公告公布 自2013年4月3日起施行 法释〔2013〕5号)

北京市高级人民法院:

根据行政强制法和城乡规划法有关规定精神,对涉及违反城乡规划法的违法建筑物、构筑物、设施等的强制拆除,法律已经授予行政机关强制执行权,人民法院不受理行政机关提出的非诉行政执行申请。

最高人民法院关于办理申请人民法院强制执行国有土地上房屋征收补偿决定案件若干问题的规定

（2012年2月27日最高人民法院审判委员会第1543次会议通过 2012年3月26日最高人民法院公告公布 自2012年4月10日起施行 法释〔2012〕4号）

为依法正确办理市、县级人民政府申请人民法院强制执行国有土地上房屋征收补偿决定（以下简称征收补偿决定）案件，维护公共利益，保障被征收房屋所有权人的合法权益，根据《中华人民共和国行政诉讼法》、《中华人民共和国行政强制法》、《国有土地上房屋征收与补偿条例》（以下简称《条例》）等有关法律、行政法规规定，结合审判实际，制定本规定。

第一条 申请人民法院强制执行征收补偿决定案件，由房屋所在地基层人民法院管辖，高级人民法院可以根据本地实际情况决定管辖法院。

第二条 申请机关向人民法院申请强制执行，除提供《条例》第二十八条规定的强制执行申请书及附具材料外，还应当提供下列材料：

（一）征收补偿决定及相关证据和所依据的规范性文件；

（二）征收补偿决定送达凭证、催告情况及房屋被征收人、直接利害关系人的意见；

（三）社会稳定风险评估材料；

（四）申请强制执行的房屋状况；

（五）被执行人的姓名或者名称、住址及与强制执行相关的财产状况等具体情况；

（六）法律、行政法规规定应当提交的其他材料。

强制执行申请书应当由申请机关负责人签名，加盖申请机关印章，并注明日期。

强制执行的申请应当自被执行人的法定起诉期限届满之日起三个月内提出；逾期申请的，除有正当理由外，人民法院不予受理。

第三条 人民法院认为强制执行的申请符合形式要件且材料齐全的，应当在接到申请后五日内立案受理，并通知申请机关；不符合形式要件或者材料不全的应当限期补正，并在最终补正的材料提供后五日内立案受理；不符合形式要件或者逾期无正当理由不补正材料的，裁定不予受理。

申请机关对不予受理的裁定有异议的，可以自收到裁定之日起十五日内向上一级人民法院申请复议，上一级人民法院应当自收到复议申请之日起十五日内作出裁定。

第四条 人民法院应当自立案之日起三十日内作出是否准予执行的裁定；有特殊情况需要延长审查期限的，由高级人民法院批准。

第五条 人民法院在审查期间，可以根据需要调取相关证据、询问当事人、组织听证或者进行现场调查。

第六条 征收补偿决定存在下列情形之一的，人民法院应当裁定不准予执行：

（一）明显缺乏事实根据；

（二）明显缺乏法律、法规依据；

（三）明显不符合公平补偿原则，严重损害被执行人合法权益，或者使被执行人基本生活、生产经营条件没有保障；

（四）明显违反行政目的，严重损害公共利益；

（五）严重违反法定程序或者正当程序；

（六）超越职权；

（七）法律、法规、规章等规定的其他不宜强制执行的情形。

人民法院裁定不准予执行的，应当说明理由，并在五日内将裁定送达申请机关。

第七条 申请机关对不准予执行的裁定有异议的，可以自收到裁定之日起十五日内向上一级人民法院申请复议，上一级人民法院应当自收到复议申请之日起三十日内作出裁定。

第八条 人民法院裁定准予执行的，应当在五日内将裁定送达申请机关和被执行人，并可以根据实际情况建议申请机关依法采取必要措施，保障征收与补偿活动顺利实施。

第九条 人民法院裁定准予执行的，一般由作出征收补偿决定的市、县级人民政府组织实施，也可以由人民法院执行。

第十条 《条例》施行前已依法取得房屋拆迁许可证的项目，人民法院裁定准予执行房屋拆迁裁决的，参照本规定第九条精神办理。

第十一条 最高人民法院以前所作的司法解释与本规定不一致的，按本规定执行。

图书在版编目（CIP）数据

中华人民共和国行政强制法注解与配套 / 中国法制出版社编 . —北京：中国法制出版社，2023.7
（法律注解与配套丛书）
ISBN 978-7-5216-3724-3

Ⅰ.①中… Ⅱ.①中… Ⅲ.①行政执法-强制执行-法律解释-中国 Ⅳ.①D922.110.5

中国国家版本馆 CIP 数据核字（2023）第 118896 号

| 策划编辑：袁笋冰 | 责任编辑：欧 丹 | 封面设计：杨泽江 |

中华人民共和国行政强制法注解与配套
ZHONGHUA RENMIN GONGHEGUO XINGZHENG QIANGZHIFA ZHUJIE YU PEITAO

经销/新华书店
印刷/三河市国英印务有限公司
开本/850 毫米×1168 毫米　32 开　　　　　　　　印张/ 6.875　字数/ 162 千
版次/2023 年 7 月第 1 版　　　　　　　　　　　　2023 年 7 月第 1 次印刷

中国法制出版社出版
书号 ISBN 978-7-5216-3724-3　　　　　　　　　　　　　　定价：22.00 元

北京市西城区西便门西里甲 16 号西便门办公区
邮政编码：100053　　　　　　　　　　　　　　传真：010-63141600
网址：http://www.zgfzs.com　　　　　　　　　编辑部电话：010-63141675
市场营销部电话：010-63141612　　　　　　　　印务部电话：010-63141606

（如有印装质量问题，请与本社印务部联系。）

裁定之日起十五日内向上一级人民法院申请复议，上一级人民法院应当自收到复议申请之日起三十日内作出裁定。

第八条 人民法院裁定准予执行的，应当在五日内将裁定送达申请机关和被执行人，并可以根据实际情况建议申请机关依法采取必要措施，保障征收与补偿活动顺利实施。

第九条 人民法院裁定准予执行的，一般由作出征收补偿决定的市、县级人民政府组织实施，也可以由人民法院执行。

第十条 《条例》施行前已依法取得房屋拆迁许可证的项目，人民法院裁定准予执行房屋拆迁裁决的，参照本规定第九条精神办理。

第十一条 最高人民法院以前所作的司法解释与本规定不一致的，按本规定执行。